Search

你們求，必要給你們；
你們找，就必找到；
你們敲，必要給你們開。

書封為若望・迦仙John Cassian之聖像畫。

星火文化

神祕金句

修行、默觀、神祕靈知的智慧語錄

東正教司鐸
約安・安東尼・麥谷勤
John Anthony McGuckin 著

加爾默羅聖衣會 譯

The Book of Mystical Chapters: Meditations on the Soul's Ascent from the Desert Fathers and Other Early Christian Contemplatives.

CONTENTS

編按：
東正教中文聖經尚未譯出，因此本書之聖經章名均以天主教及新教中文譯本為主。

推薦序

天主教會早期的靈修家、神祕家、聖人聖女們，像我們一樣是人，但他們是怎樣達到靈修高峰的？什麼力量使他們過著完全純樸善良、克苦奉獻、祥和喜樂的生活？答案應是天主的恩寵和聖神的推動。但除此之外，也應歸因於他們願意與天主的恩寵合作，願意努力地追求真善美，活出信、望、愛。

這些靈修家、聖人聖女們，有的是教友隱修者，有的是責任重大、工作繁忙的主教、牧者，他們在修德成聖的路上累積了很多寶貴的經驗，對後來的教會靈修傳統有深遠的影響。他們的靈修智慧來自深沉的祈禱和克苦，與主親密的契合。他們對聖經非常熟悉，常常默想和實踐，並能用淺顯的生活例子來解釋聖經，與別人分享他們默想和實踐的成果。

這本書收集了這些出名靈修家的部分智慧語錄，字字珠璣，發人深省。我們讀這本小書，可以說是找到了最好的神師，不只一位，而是多位神師。這些一流的神師或用諄諄善誘，或用「逆耳」忠言，叫我們實際可行的做人之道、各種修德成聖的方法，及與主結合的捷徑，讓廿一世紀心靈動盪不安的我們，也能像他們一樣獲得安息。

芎林加爾默羅聖衣會隱修院把這本好書譯成中文，造福華人，她們貢獻世人的冠冕上又多了一顆珍珠。求主賞報她們。

輔大神學院[1]／**曾慶導**

二〇〇九年一月二十三日

本文作者曾慶導神父是耶穌會士。籍貫廣東。在香港唸完中學後移民美國，大學時主修微生物學，獲生物學碩士。在加州柏克萊耶穌會神學院獲靈修學碩士。美國波士頓威士頓耶穌會神學院信理神學博士。現於輔仁聖博敏神學院教授：信理神學，基督論，聖母論，聖經與信理的相關問題，基督宗教靈修學史，靈修神學，聖女小德蘭的福傳靈修等。

1. 編按，當時仍稱輔大神學院，二〇一二年起改稱輔仁聖博敏神學院。
2. 特此說明，此推薦序乃芎林聖衣會修女翻譯此書後邀稿。多年後星火文化取得出版授權，在此感謝修女翻譯及校對之功。

導論
神祕道路的指引

早期的基督徒隱修士留下大量的神祕文學作品，其貢獻的神祕教導，無論範疇或品質，都是深奧的，然而，大致說來，鮮為現今的世界所知。由於他們度著徹底單純和退隱的生活，隱修士能長時間專心致志，詳細洞察人類內在屬靈生命的階段和形式。就某種意義而言，他們是專家，勘測內在靈魂的行動，同時編寫道理，尤其是用來訓誨他們較年輕的門徒。年輕的隱修士，有時也有隱修女，時常遊歷東羅馬地區的修道院團體，尋求有經驗的靈修導師（不過，隱修女久居的團體，通常都是位於比較安全的地方），不久，其中最好的靈修大師會舉世聞名，吸引基督徒領域內的所有門徒。大師的智慧話語很快成為著作——有時是智者親自論著，有時則從口授的傳承中編集，以之為對大師道理的追思誌念。

本書為易於攜帶的文集，其中收集的是基督徒修道院的智慧，小小的版本中，含有大量的教導，至今仍通行於東方基督徒世界的修道院中，經過編排後，以古老的教導手冊方式，分別放在三個攀登的篇章中：修行篇（Praktikos）、默觀篇（Theoretikos）、神祕靈知篇（Gnostikos）。這些「語錄」（sentences，按古希臘文，意指一個單元的思想或段落），編輯之後，以古老的方式，亦即採取三「百」句，或三組各一百句的金言。每個單獨的語錄可做為一日的省思。首先應在一天伊始，熟記於心，然後在每個安靜的空檔複誦當天的語錄。像這樣的寂靜（heychia，意即靈魂的安靜）時段，是早期的隱修士在偏遠沙漠，於每日生活簡單重複的工作中形成的。一成不變的編織籃子，是很有助於修道生活的工作，夾雜著複誦的禱文，同時深思當天的「語錄」。在今日，生活益形忙碌，需求增多，不過，即使是我們當中最忙的人，也有靜寂（*heychia*）的片刻，在等待或乘坐巴士、火車的時候，或當我們開車或走路、或單單只是偷閒地坐一會兒時。像這樣悠閒的時刻，很適於反覆誦唸短句，並深思其話語，理解此一金句的涵意：我們對此已有怎樣的體驗，這話如何啟迪我們看清自己內心的一個真理或朋友心中的困苦，天主願意協助我們在尋求中的靈魂成長，這話如何光照我們看清其祕密的途徑？

總而言之，本書不是讓人坐下來，就一口氣從頭到尾讀完的。對於熱衷於急速且瞬間即悟的世界，這是個誘惑。若是這樣，還不如把本書拿來當作飛盤玩一玩。有些事物，例如種子和植物（和心靈的洞察），需要比較緩慢的步調來培養和展現。

我冀望，本書成為早期基督徒神祕靈修教導的歷史性範本，且能引人入勝，當時，人們曾以擁有許多神祕生活的大師感到自豪。不止於此，本書願意作為實用的「協助手冊」，有助於想在基督徒傳統中，攀登更高的神祕知識之路，以及在度靈修生活遇有困難的時日，需要有經驗的導師為之確定方向的人。

古代教會修道生活的追求者

早期的基督徒隱修士形成一種國際性的社團，在羅馬帝國末期，興盛地遍及全希臘領域，以及敘利亞、波斯，在埃及則集中於尼羅河邊，且深入達及非洲的努比亞（Nubia，現今的蘇丹）和衣索比亞高原。他們棲息在西乃、巴勒斯坦、阿拉伯（古時的卡帕多細亞）的岩石和沙漠地帶；在羅馬帝國晚期的大首都——君士坦丁堡，他們幾乎成為公家機構的一環，其人數相當龐大，當中有許多獻身的學者和貴族。第五世紀之後，修道生活在西方盛行起來，高盧（古時的法國）和義大利成為修道生活的中心。沒多久，遍布整個早期的基督徒世界，以地中海盆地為中心環狀開展，基督徒隱修士在村落周邊獨居隱修，或在遠離塵囂的山谷，形成小會院，通常有數十位一起度團體生活。初期教會到了西元第四世紀，這三種修道生活方式，以形成標準格式，君士坦丁大帝開始使羅馬帝國成為拜占庭的基督教帝國之後，在基督徒皇帝的保護下，修道生活的運動盛行了約一千年之久。其中心地，諸如，在希臘卡啟第吉半島（Halkidiki）凸出的小半島阿台（Acte）的阿陀斯（Athos），或基輔的洞穴修道院（the Pechersky Lavra），或外西凡尼亞（Transylvania）的森林山修道院，修道生活以古老的活力，延續直到當代。

修道文學的風格

歷經漫長的歷史過程，累積了大量的神祕學道理，隱修士從中取出其精華，作為他們個人行走神祕生活之路的指南。他們的生命完全獻身於尋求天主，度著徹底單純和赤貧的生活：修行刻苦神工、獨身貞潔、研讀前輩聖人和先知的聖書，使之徹底專注於其生活。對於當今錯綜複雜的西方世界，那種生活方式實在難以想像。自從第三世紀初期，這些文學作品受到相當的。這些靈修大師，例如亞歷山大的奧利振（Origen of Alexandria），他是當時最博學的柏拉圖哲學家之一，在聖經詮釋學及淨化靈魂、幫助靈魂受光照和向上攀登須有的方法上，他創立了廣博精深的系統。後來所有致力於發展專門的基督徒靈修神學者，大致上都是以他的作品為基礎。早期基督徒另一位優異的知識份子伊瓦格魯斯（Evagrios of Pontus），相當成功地融合了奧利振的高知識傳統，及苦行團體尋求進步的每天需求。

隨著基督信仰的進展和流傳，演化成正宗的宗教，其思想逐漸轉變，愈來愈以理性護衛其神學。當大區域的國際性基督徒運動，進入爭論教義問題時，更加促進這個理性化的趨勢，羅馬皇帝做出回應，（因宗教而召集的會議中）主教針對神學性問題做出的決定，享有羅馬法律的約束力。至於修道院方面，正好相反，對議論爭辯極不感興趣。這是一種專門探討內在生活之祕密的文學，尋求平安寧靜、仁慈及單純祈禱的道路。經過了漫長的幾個世紀，基督徒爭論的理性論精神好不容易才緩和下來。世代更替，造就了個時代的爭辯文學。後來西方所謂的革新運動，宣講的是自由恩寵的福音，得救全憑信；而修道者努力達到的救恩，多少有賴於致力克苦修行，則為他們極力拒斥，導致修道傳統在歐洲大部分地區崩潰瓦解。更進一步的原因在於，西方基督信仰精神的形式主義理性化，及荒廢其神祕教導的傳統。至於東方的基督徒世界，則不曾經歷改革運動，除了少數曇花一現的例外，其哲學與文化的合一持續地進展，和希臘文化的原則有著很深的固有關係，此乃從古代就已奠定的文化基礎。拜占庭人認為他們的宗教與文化系統，係因為受到希臘文化的洗禮，而成為福音精神的文化，而且確實一直維持著羅馬對文化合一的治理熱情，不過是以一種相稱於個人自由的方式來施行。正是這種具有彈性的調和，避免了中央集權者的控制，此即在西方教會可見，後者必然地導致在中世紀末，大規模的國家主義者的顛覆。

伊斯蘭教在東方教會起源的心臟地帶興起，削弱了基督徒的多種自由，長達數百年之久，反倒造成某種的幸運，倖存的修道院生活得以韜光養晦——而且其存活的數量很大。這些東正教修道院的生活幾乎沒有什麼變化，遵循原初團體的型態。神祕傳統的靈修作品得以細心地保存、抄寫、傳揚，作為尋求靈修之新生代的基本訓練，就是這個共同的文化把從敘利亞到羅馬尼亞，從衣索比亞到俄羅斯的東方基督教會結合在一起。

三重的攀登：修行、默觀、神祕靈知

最早的作家有意把他們的靈修教導分成三個基本的範疇，適合於不同的階段：初步的追尋者、修行幾年的年輕隱修士，最後是比較進階者。這些教誨通常編輯成小小的段落，讓人背誦熟記，在一天、甚至一週內反覆默思，直到這段句子滾瓜爛熟，彷彿含在隱修士舌尖的水果，滲透出內在的風味給尋覓的心智。相同的修行也適用於《聖經》的章句，尤其是聖詠。修道者的著作中，常常提及《聖經》經文，本書內，我也標示出《聖經》的章節。凡查閱者須知，隱修士引述的都是希臘七十賢士譯本的《聖經》，其經文往往和今日通用的現代譯本不同，不只經文，甚至其篇章的編號也不相同（聖詠通常多出一號）。除此之外，隱修士常常只提到經文，而非做明確的引述，顯示出是憑記憶引述，因為在古時，聖書的抄本，不是在每間隱修士居住的斗室可以找得到的，往往只在主要的教堂建築內才會有。

讓人熟記的小段落，在希臘文稱為*kaphalaia*，意即標題（text headings）或章句（chapters）。收錄這些修道者訓誨手冊的文集，因此得名Books of Chapters[3]。初步階段的教導稱之為修行（Praktikos）。這是個「操練」的階段，或說，在探尋祈禱和神祕生活中，技巧和準備上的基本事理。其中最關注的是，必須有的修行意向，及詳察的技巧，洞見那每每錯綜複雜的路徑，這些道路影響著探尋者的靈魂。隱修士堅決相信，基督徒的基礎觀念是，靈魂乃根據天主的肖像和模樣造成的，在人能辨識人類生活中聖神更奧祕的工程前，精通對內在自我的知識是必須的。現代的心理學（或許，甚至在心理學上，現代人關心的焦點是尋求真實的自我），源自於基督徒，他們熱衷於探索，標示隱修士的內在生活，以之為神祕道路的最初階段。心理學*Psycology*這個字取自於希臘文，意指「探究內在的靈魂」。二十世紀對心理學的理解，有著明顯的進步，取代了古老時代一些心理學上的教導（尤指把熱烈的欲望歸咎於魔鬼的影響），然而，心理學卻不能取代其最主要的傳統智慧。這對於現代心理學想要說明的心靈主體性，或把我們時常戴上的多重假我的面具脫去，或尋求個人心靈的平靜、整合和穩定，尤其真實。再者，雖然對早期的基督徒而言，「探索內在的靈魂」（psychologia）具有基本的重要性，這只是向上超升的三重道路中最初的

---

3. 本書的英文書名是：*The Book of Mystical Chapters*，副書名則為：*Meditation on the Soul's Ascent from the Desert Fathers and Other Early Christian Contemplatives*。作者顯然有意在此註解書名的涵意。

階段。

向前邁進的第二個階段，繼修行之後，則是默觀（Theoretikos），這是「觀看」（seeing）的專門用語，表示當基本倫理道德和克苦操練達到習以為常的靈修境界（對沙漠中獨身的苦修者，這是一個肉身上的相當歷煉，包括漫長的守夜、守齋並維持個人的貞潔，及對他人的憐憫）。一旦修行的課程完全吸收了，靈修的追尋者繼續前進，尋求指導，以解決內在生活方面的困難。第二個階段所專注的，是造成靈修者止步不前、一再發生的問題。默觀的層次，相似音樂家經歷的發展階段，正當完成基礎的訓練，演奏者想突破技巧的界限，達到藝術名家的純熟境界。使不同的人止步不前，無法超越其成見及壓抑，而使之漸漸增加光照，其原因何在？「默觀」此章即從各種不同的角度來探討這個問題。

修道教誨的第三個階段保留給比較有經驗的隱修士，往往是長篇大論的主題，資淺的隱修士不得與聞。這個階段稱之為「神祕靈知」（Gnostikos）。這個字意謂著真知（knowing）或灼見（understanding）。在基督徒的圈子裡，從第三世紀以降，當早期的諾斯底（gnostic）運動的著作，大部分受到傳統主流的主教和神學家排擠時，在修道文學的領域中，這個字的使用有如專業術語意指對於更高奧祕的神祕沉思和反省。這些後來的基督徒「諾斯底派的文章」中，有許多遭到主教們的非難、禁止，甚至毀滅。儘管如此，當較資深的隱修士維持靈修智慧傳統的續存時，有些諾斯底章句倖存下來。無論其對手，來自教會外或教會內的人士，他們總是想要窒息基督徒神祕主義的內在潮流，因為他們受不了極端的個人性智慧傳統，因其往往很容易失控，或無法加以界定。神祕靈知的篇章常常是高深莫測，難於解釋，不像前兩篇——修行與默觀——的風格，神祕靈知篇不是要作為教導的工具，用來幫助尚未經驗這些事的人。對照之下，神祕靈知篇意味著是一個標記，指出凡已經驗若干這些事的人，且正經驗聖神在內的引導，以及準備好在同輩中傳達更高的奧祕。

沙漠教母

第一千年的基督徒婦女，不像第二千年的基督信仰，女性導師以嶄新的活力和洞見發出聲音，一般說來，早期的婦女不容許接受充分的文學教育，而這是古代所有修辭學家和作家的基本預備。所以，雖然在教會的事務、神祕生活的時潮上，她們的聲音確實存在，也很有活力，但在修道傳統的文獻上，並沒有充分地呈現出來。著名的女修道者和神見者，仍由下芳名者如下：辛克莉迪加（Syncletica）、莎拉（Sarra）、普蘿芭（Proba）、瑪克麗納（Macrina）、梅納妮亞（Melania）、菩莉詩加（Prisca）、培培（Perpetua）等等。不過，這些婦女在女苦修團體中心，做為領導者的「教母」（亦即姆姆或靈修長老）並沒有如同男士一般，留下代表性的綺詞麗句。

這些男士們，有的經祝聖成為司鐸或主教，有的成為隱修士。或許，基督信仰神祕經驗的第二千年，再來的下一冊中，會有更榮顯女性導師的傳統。本書中，只有辛克莉迪加姆姆和莎拉姆姆代表古時的女長老。

小小的「愛美集」

十八世紀時，阿陀斯山的隱修士（希臘Acte半島仍然倖存的拜占庭修道者的群體）收集許多教父集全的大作品，彙編成多冊，題名為《愛美選集》（Philokalia，意思是「美麗事物的愛好者」，過去，中文譯為《教父選集》）。對於在東方的所有東正教修道院，迄今一直是深具啟迪性的選集之一。本書有許多句子取自古老的希臘選集，可說是一本小小的《愛美集》，從希臘拜占庭、利比亞、埃及、巴勒斯坦、敘利亞和波斯的傳統中，摘錄第一千年中，最卓越的基督徒神祕家聖賢的著作。

本書大部分的作者是以希臘文書寫的。若干科普特（Coptic，埃及古語）和敘利亞導師，保留其語言，如同來自古代的希臘和拉丁文本。希臘和拉丁文，由譯者（編按，即本文作者）直譯。敘利亞文的作者，如達佑塔的若望（John of Dalyutha）、號稱「敘利亞人」的撒多納（Sahdona the Syrian）、愛德沙的納撒依（Narsai of Edessa），最近已有出版。在這些情況下，我從這些原文的法文校訂本譯出。我希望，藉著一種較平易的方式呈現這些聖賢的教導，他們能以某種超越時空的方式，繼續其教誨和挑戰的任務，此乃他們中如此之多的人所熱望的。我希望，本書在各方面證實出來的，是充滿光照的。

約安・麥谷勤（John A. McGukin）

耶穌顯聖容慶節[4]**於二〇〇一年八月六日**

4. 東正教中文譯為主易聖容節。這個節日源起於君士坦丁大帝的母親葉蓮娜在大博爾山建立了一座紀念主顯聖容的教堂。這個慶節由東方教會開始，定在「光榮十字聖架」慶日的前四十天，即八月六日。到了第九、第十世紀，西方教會也開始慶祝，但日期並不固定，直到一五七〇年確定了八月六日慶祝。

第一篇

修行篇

1

雪從不放射火焰。
水無法產生火。
荊棘叢絕生不出無花果。
同樣，除非你的心已從內裡受過淨化，
絕不能自由無礙，獲釋於沉悶的思想、言語和行動。
要熱切行走這條道路，經常看守你的心。
時常誦念這端禱文：
「主耶穌基督，可憐我！」
要謙虛。
安置你的靈魂於寧靜中。

——赫希基烏斯（Hesychios）[5]

5. 作者簡介請參見本書第 331 頁。

2

一位隱修士求問大師尼斯特羅（Nistero）院長：
「我該做什麼才能達到生活中的至善？」
院長回答說：
「不是所有的工作都一樣。
經上說，亞巴郎善於款待來客，
天主與他同在；
又說，厄里亞喜愛靜默，
天主與他同在；
還說，達味謙卑自下，
天主與他同在。
所以，若你的靈魂因渴望天主，
無論所找到的是什麼道路，
你要走上去，並要時常看守你的心，
保持內心的完整。」

——《長老語錄》6

6. *Sayings of the Elders*，請參見本書第 343 頁。

3

安當院長說：
「凡安靜地處於獨居中的人，
已經避開了三個戰爭：
亦即聽、說和看的戰爭。
只留下一個有待奮鬥的戰役，
就是和你的內心交戰。」
——《長老語錄》

4

莎拉姆姆（Amma Sarra）說：

「如果我向天主祈求，

願人人都贊成我的行為，

我會發現，自己要永無休止地站在每人的門口悔過。

我不這樣求，而是求讓我的心能純潔地對待眾人。」

——《教父語錄》（*Apophthegmata Patrum*）[7]

7. 請參見本書第 327 頁。

5

細心看守自己，
不要使自己被對外在事物的迷戀掃地出門。
尤其是，要能以寧靜讓靈魂的騷動平定下來。
然而，如果你持續不斷地鼓動和激發靈魂的騷動，
它們會開始恐嚇你，
並且能搗亂你的全部生活。
一旦它們掌控了大局，
就會很難使之痊癒，
有如撫摸傷口，搔癢不止。

——埃及的費肋孟長老（Abba Philemon of Egypt）[8]

8. 請參見本書第 341 頁。

6

你要專心致志追隨聖人的道路。
寧可選擇單純的生活方式。
穿不引人注意的服裝。
吃簡單的食物。
表現率真的舉止。
不要趾高氣揚地招搖，
彷彿你是個重要人物。
說話要出自內心。

——埃及的費助孟長老

7

我們領洗之後，還有一個更大的洗禮——
請容我斗膽宣稱，
就是我們淚水的洗禮。
我們的第一個洗禮洗淨了先前的罪……
藉著天主賜給人類的憐憫大恩，
我們眼淚的洗禮潔淨我們，
使我們煥然一新。

——若望·克里馬可（John Klimakos）[9]

9. 請參見本書第 336 頁。

8

我們的主告訴我們，要在暗中祈禱——
意思是在你的心中——
而且祂教導我們要「關上門」（《瑪竇福音》六章6節）
祂說我們必須關上的這個門，
如果不是嘴，又是什麼呢？
因為我們是天主居住的宮殿，
正如聖宗徒說的：
「你們是天主的宮殿」（《格林多人前書》三章16節）
上主進入你們的內我，
進入這個殿宇，
清除所有的不潔淨，
但只在當門戶（亦即你的嘴巴）緊閉時。

——人稱「波斯人」的阿弗拉（Aphrabat the Persian）[10]

10. 請參見本書第327頁。

9

從你祈禱的那一刻起，
高舉你的心向上，
轉移你的眼目朝下。
專注於你最深的自我，
在那裡，
暗中向你的天父祈禱。

——人稱「波斯人」的阿弗拉

10

在你祈禱前，
首先要寬恕所有得罪過你的人，
而後再祈禱。
惟有在那時，
你的祈禱會上達天主面前。
如果你不寬恕，
你的祈禱只會逗留於塵世。

——人稱「波斯人」的阿弗拉

11

當你祈禱時，
要留神你是在天主面前，
奉獻司祭的犧牲。
奉獻受到玷汙的祭品，
難道不是一件可恥的事嗎？
為此，當你祈求寬恕時，
首先要寬恕得罪過你的人。
記起他們，
並且寬恕他們。
那時你會親自明瞭天主的寬恕。

——人稱「波斯人」的阿弗拉

12

一隻小牛犢初次牧放後，
開始四處遊蕩，
漸漸地，牠發現自己陷入可怕的斷層裂壁中，束手無策。
靈魂也是這樣，
因為思想逐漸地引他進入迷途。

——人稱「苦行者」的馬爾谷（Mark the Ascetic）[11]

11. 請參見本書第 338 頁。

13

如果我們清除自己的邪惡，
那麼就會看見肉眼見不到的形上本體。
不過，當我們仍然盲目時，
根本不用問，
為什麼我們見不到光明；
若是把耳朵塞住時，
也不用問，
為何我們什麼也聽不到。

——阿巴梅亞的若望（John of Apamea）[12]

12. 請參見本書第 333 頁。

14

一位使徒該時常在心內繫念著天主，
因為經上記載：
你應該全心愛上主你的天主（《申命記》六章5節）。
不只當你進入祈禱的處所時該愛上主，
當你走路或與人談話時，
也該懷著很深的渴望記憶祂。
因為經上說：
你的財寶在哪裡，
你的心也必在哪裡。（《瑪竇福音》六章21節）
的確，無論人的心寄放在哪裡，
他們最深的渴望就會吸引他們到那裡，
這確實就是他們的神祇。
如果一位使徒的心總是嚮往天主，
那麼天主必定是這顆心的主人。

——大馬加留（Markarios the Great）[13]

13. 請參見本書第337頁。

15

如果你祈禱能不分心，
你的心很快就會柔軟。
而且，一如經上所說：
「天主永不會輕視
一顆謙卑、痛苦的心。」

——人稱「苦行者」的馬爾谷

16

如果我們希望度正直的生活，且獲得平安，
並非容忍他人就可讓我們得到。
更好說，這來自我們知道如何對人表示憐憫。
如果我們企圖避開憐憫人的艱苦掙扎，
寧可選擇退隱和獨居的生活，
我們只會把尚未痊癒的執著拖入獨居中，和我們同居共處。
我們可能掩飾得很好。
當然我們並沒有消除它們。
如果我們不尋求化解執著的話，
進入更深的退隱和更少的人際交往，
甚至會使我們加倍盲目，
因為這樣的生活會替它戴上假面具。

——若望・迦仙（John Cassian）[14]

14. 請參見本書第334頁。

17

如果我們把聖保祿（的話）按字面理解，
我們勢必連一天都不許執意發怒。
不過我願作個說明，許多人生氣時，
大發雷霆，猛然狂怒，
他們的怒火不只持續一天，
甚至長達好幾個星期。
至於那些不只用言詞洩怒的人，
我找不到詞彙解釋，
他們為何以冷漠的不理不睬劃清界線，
萃取內心的苦味毒汁，
直到最後毀滅他們方止。
他們不懂得避免發怒是何等重要，
不只在表面上，
甚至在思想上亦然，
因為忿怒以劇苦使我們的理智盲目，
除去靈性上領悟與明辨的光輝，
驅逐聖神居住其內。

——若望・迦仙

18

十字架上的強盜獲得天國（《路加福音》四十章40－43節），
並非因德行的賞報，
乃由於天主的恩寵和慈悲。
他能作為一個純真的見證，
證實我們之獲得救恩，
只因天主的慈悲和恩寵。
所有殉道聖人都知道這端道理，
並且一致教導，
惟有經由謙虛，
方能達到聖德的成全。

——若望．伽仙

19

如果你為了你的上主勞苦工作而疲累，
精疲力竭，
你要把你的頭靠在祂的膝上，
休息一會兒。
斜倚在祂的胸懷，
呼吸生命的芳香神靈，
讓生命充滿你的存在。
安息於祂，因為祂是舒暢的宴桌，
將以天主聖父作為招待你的神糧。

——達佑塔的若望[15]

15. 請參見本書第 334 頁。

20

一個人可能想要保護他家中的珍寶，
不給盜賊搶掠奪走，
但若外邊群眾的喧囂淹蓋了他的呼叫聲，
他的努力終歸要失敗。
這就好像靈魂在身體內，
靈魂的能力亦然，
時常被不好的事物掩蓋住。
靈魂之在肉身內，幾乎就像不在那裡。
靈魂居住身內，往往無法展現她的能力。
天主並沒有命定靈魂應該在身體內，
又使和身體的特性無關連仍能活動。
只要靈魂仍在身體內，
靈魂本身的感官是不起作用的，
一旦靈魂離開肉身，
她能活動，且單獨行動。
至於這個分離，

不必理解為單單是靈魂離開身體的問題而已，
因為這也能視為心靈的意識離開肉身。
雖然靈魂可能仍在身體內，他確實經驗到自己在身外。
當身體仍在世上活動時，心靈的意識超越這個世界。
此乃救主說這話的意思：
「你們並不屬於這個世界。」（《若望福音》十五章19節）

——阿巴梅亞的若望

21

有個隱修士曾對費肋孟長老說：
「我很清楚自己的心思如何不斷的四處遊蕩，
沉淪在無益於靈魂的事物中，隨波逐流。
院長！我要怎麼辦才能得到釋放呢？」
他稍微遲疑了一會兒之後，回答說：
「這是執著的殘餘，
是你的外在生活加給你的。
它仍會困擾你，
因為你尚未達到成全渴望天主的高境。
渴望經驗到天主，
還沒有如同火一般地點燃你。」

——費肋孟長老

22

當靈魂因遵守誡命，
受過淨化後，
靈性的理智能服從命令，
且穩定踏實時，
靈魂才能達到祈禱必須有的境界。

——伊瓦格魯斯

23

祈禱時
要努力使你的靈性理智又聾又啞，
因為那時你才真能祈禱。
——伊瓦格魯斯

24

如果你貯存滿腹的牢騷，
又在你內悉心照顧陳年的憎恨，
那時要是你想努力祈禱，
你必會像個去井邊打水的人，
帶著千瘡百孔的水桶。

——伊瓦格魯斯

25

你要經常留意不要動怒，
如此你就不至於被其他的猛烈欲望沖昏了頭。
憤怒替其他所有的激情添加燃料，
每每蒙蔽靈性的眼目，
瓦解了純潔的祈禱境界。

——伊瓦格魯斯

26

有時會發生這樣的事：
當你開始祈禱時，
你發覺自己能好好地祈禱。
而有的時候，即使竭盡心力，
你仍會覺得自己白費力氣。
這個經驗是要使你明白，
你必須恆久不斷努力，
因為一旦你獲得祈禱的恩賜時，
必會認真穩妥地保有它。

——伊瓦格魯斯

27

不要祈求你心內所渴望的，
因為它們可能不全合乎天主的聖意，
反而要如你被教導的，
祈求說：
「願祢的旨意成就於我。」
要這樣向天主祈求每一件事，
好使祂的聖意在你身上實現，
因為祂只渴望對你的生命有益和有用的，
然而，
你並不是時常懇求這個。

——伊瓦格魯斯

28

我時常祈禱，並向天主祈求那些我自認為好的東西，
我像個笨蛋一樣，繼續不斷在天主面前求祂賞賜我這樣的恩惠，
我不願交託給天主，
讓祂來安排祂認為對我最好的。
之後，當我執意苦求的東西到手時，
我往往感到很愧疚，
沒有把它交託於天主的聖意，
因為事實的結果
常和我想像的大不相同。

——伊瓦格魯斯

29

無論你獨自祈禱，或與他人為伴祈禱，
千萬不要把祈禱當做例行公事，
反而常要清楚地意識到你正在做什麼。

——伊瓦格魯斯

30

當你祈禱時，
要認真看守你的記憶官能，
使它不以你往昔的影像叫你分心，
卻要提醒你，
你正站在誰的面前，
因為這是我們靈性理智的本性，
祈禱的時候，記憶能使理智失控忘形。

——伊瓦格魯斯

31

當我們祈禱時，黑暗的權勢因嫉妒而冒火，
敵對我們，
牠們會用盡種種可能的詭計，
以靈性的方式阻撓我們。
牠們無止無休地煽動我們內的記憶，
好使我們分心走意、胡思亂想，
並且激發我們的情欲追逐各種渴望，
因為這樣的話，
牠們認為能阻擋靈魂的光榮攀登和歸向天主。

——伊瓦格魯斯

32

如果你想要經驗真實的祈禱，
那麼要設法控制你的忿怒和你的渴望。
不過，更有甚者，
你還必須勉力使自己脫離每一個有形的思想。

——伊瓦格魯斯

33

當你的心靈的理智深深地渴慕天主時，
會漸漸地對有形的事物失去興趣，
必且避開所有植根於感官知覺、
或那些來自我們的性格或我們記憶的思想。
同時變得愈來愈充滿崇敬和喜樂的感受，
那時你要明白，
你已靠近祈禱的門檻。

——伊瓦格魯斯

34

一個被綑綁的人不能奔跑。
就像這樣，
若靈性的理智仍是其執迷渴望的奴隸，
則絕見不到靈性祈禱的領域，
因為它以強制形成的觀念到處漫遊，
而不能達到理智上須有的寧靜。

——伊瓦格魯斯

35

要知道這事：
聖善的天使鼓勵我們祈禱，
當我們真的祈禱時，
他們站在我們身旁，
欣喜無比，為我們祈禱。
但是，如果我們漸漸變得漫不經心，
接納邪惡的思想，
我們讓天使極為不悅，
因為他們正在那裡為我們的益處艱苦奮鬥，
而我們竟然不能費點心力，
為自己的好處向天主祈求，
反而輕視他們的協助，
使他們的主天主蒙羞。

——伊瓦格魯斯

36

要準備自己如同一個專業的摔角選手。
即使你看見一個突然的顯現，
不要因此驚慌失措……，
反要小心，以免惡神設法以神見來欺騙你。
如果發生這事，千萬要全神貫注；
立刻轉向祈禱，
懇求天主親自來光照你，
明察這個神見是不是來自天主，
如果不是的話，
求祂立即為你逐退幻覺。
要有十足的勇氣，
因為如果你懷著熾燃的熱心，
那些邪神的惡犬必不再騷擾你，
上主那不可見的大能會立刻趕走它們。

——伊瓦格魯斯

37

正如麵包是身體的食物，
聖德則是靈魂的食物，
心靈的祈禱是內在心智的食物。

——伊瓦格魯斯

38

不要逃避貧窮或悲哀，
這樣的事提升我們的祈禱，
上達天庭。

——伊瓦格魯斯

39

沒有任何的羞恥感，
大膽地僭越，
企圖尋求神性事物的知識，
或者當我們仍深深陷於罪惡和忿怒的羅網時，
投身於專注無形的祈禱，
這是非常危險的，堪受聖宗徒的譴責。
聖保祿那時告訴我們，
當靈魂祈禱時，
應該蒙頭戴紗，
因為是在天使面前。（《格林多人前書》十一章5節）
亦即，我們必須先給靈魂
配上應有的尊敬和謙虛。

——伊瓦格魯斯

40

如果你的眼睛感到疼痛，
當然無法持續地直視正午太陽的強光。
同樣地，
超覺祈禱的非凡修行——
這是一種只能以「心神和真理」達到的祈禱——
只要一個人心靈的理智仍是激動和不潔淨的，
同樣是沒有用處的。
更有甚者，
如果像這樣的心靈試圖修行超覺祈禱，
甚至會激怒天主，
打擊他的自命不凡。

——伊瓦格魯斯

41

天主什麼都不缺少，
也不偏袒任何人。
然而，除非那人先和抱怨他的近人和好，
天主確實不願悅納呈獻給祂的乳香。
為此，要細想，且要細心分辨，
你應該如何在心靈的祭台上
向天主奉獻屬靈的乳香，
好使它真的成為天主悅納的獻禮。

——伊瓦格魯斯

42

如果你尋求全神專注於祈禱，
那時你必會尋獲祈禱。
修行祈禱，沒有比盡你的全力全神專注更必要的。
要進你的全力去獲得它。

——伊瓦格魯斯

43

如果你覺察到自己的理智在胡思亂想，
那時看聖書、守夜和祈禱，會使之寂靜。
守齋、辛勞的操作及安靜的獨居，
平息欲望的烈火。
欲平靜你的慌亂不安，要靜坐並朗誦聖詠集，
且要同情和憐憫你周圍的所有人。
如果你過分又不當地修行神業，
轉眼間一切全化為災難，
這為你招致更大的損失，而非益處。

——伊瓦格魯斯

44

沒有水，樹木絕不會盛開花朵。
沒有神祕的知識，
內心絕不會上達高境。

——伊瓦格魯斯

45

祈禱是多麼可愛，
祈禱的工作又是如何燦爛輝煌。
當祈禱伴隨著善工時，
會使天主稱心滿意，
若是出自寬恕的精神，必蒙垂聽。
當祈禱是純潔與誠懇的，
經常會得到應允。
當祈禱充滿天主的活力時，
它是強而有力的。

——人稱「波斯人」的阿弗拉

46

辛克莉迪加姆姆曾說過這一句話，
正如苦藥解毒，同樣，
祈禱和守齋化解我們的邪惡思想。

——《教父語錄》

47

不要驚奇，如果你天天故態復萌。
不要灰心喪志，卻要決志做些積極的事，
無疑地，看守你的天使必會以你的堅忍不拔為榮。

——若望．克里馬可

48

如果我們心心念念的是別人加給我們的傷害，
我們就像那些古怪的解經家，
他們只閱讀投合自己口味的經文。
你要藉著誦唸耶穌禱文：
「主耶穌基督，可憐我們。」
在你內為這個態度自形羞愧。

——若望．克里馬可

49

所有的人都能在聚會中祈禱。
也有許多人發覺，
找個意氣相投的伴兒一塊兒祈禱更棒。
獨居的祈禱真的適合極少的人。

——若望．克里馬可

50

熔爐試煉黃金。
勤勉不懈，修行祈禱，
則試煉使徒對天主的熱心和愛。

——若望．克里馬可

51

路濟弗爾[16]天使從天堂墜落，
只因一個激情——他的驕傲。
這使我很驚奇，
若要上升天堂，
是否只要憑謙虛的力氣即可。

——若望．克里馬可

16. 或譯路西法，墮落天使，或稱撒旦。

52

當一道陽光透過裂縫射入屋內，
照明一切東西，
甚至以其光亮呈顯微細塵埃。
敬畏天主即是如此，
當它（天主的光）進入人心時，
它顯露出所有仍隱藏的過錯。

——若望・克里馬可

53

如果因肉身的軟弱，
你不能避免重大的過失，
那你就應該修行謙虛之道，
及所有的謙虛品德，
因為再也沒有別條路可帶領你回頭得到救恩的。

——若望．克里馬可

54

心神寧靜即是無休止地欽崇天主，
及侍立在天主面前。
讓你的每一次呼吸都記憶著耶穌聖名，
那麼，你會明瞭寧靜的價值。

——若望．克里馬可

55

如果你要守夜，
應把夜晚的主要部分用來祈禱，
只以一小部份的時間誦唸聖詠。

56

——若望·克里馬可

當你祈禱後離去，
要管束你的口舌，
因為你辛辛苦苦採集起來的，
能在剎那間完全消散無蹤。

——若望·克里馬可

57

當你準備好侍立在天主面前時，
要穿上以寬恕他人編織成的服裝。
否則的話，無論你的祈禱為何，
都是毫無價值的。

——若望．克里馬可

58

要讓你所有的祈禱全然單純。
無論是稅吏或蕩子，
都以一句單純的話，和天主和好，
一個說：天主可憐我這個罪人；
另一個則說：父親！我得罪了你！
（《路加福音》十八章9－14節；十五章11－32節）

——若望．克里馬可

59

如果在你的祈禱中，你感受到特別的喜悅，
或內心被什麼所感動，
那時要暫時存留在其中。
這是一個記號，表示你的護守天使已經來到，
開始和你一塊兒祈禱。

——若望・克里馬可

60

如果你認真度祈禱生活，
請注意，要非常仁慈，
因為這樣的話，
「你會得到百倍的賞報，」（《馬爾谷福音》十章30節）
甚至在末日得到更大的福報。

——若望・克里馬可

61

亞加冬長老（Abba Agathon）說：
「按我的看法，
沒有比向天主祈禱更難的工作。
每當有人想要祈禱，
我們的靈界仇敵就要來阻撓，
因為他們知道，
惟有誘人叛離祈禱，
方能加害此人。
人無論從事何種善工，
如果恆心不懈，
都會有成效。
然而，修行祈禱卻是個戰爭，
將持續直到我們吐出最後一口氣。」

——《教父語錄》

62

亞加冬長老說：
「當我仍怨恨某人時，
我從不許自己上床睡覺，
並且，要是有人仍覺得怨恨我，
只要我辦得到，
我也絕不讓他們上床。」

——《教父語錄》

63

波曼長老（Abba Poemen）常說：
惡意絕不能克服惡意。
所以，如果有誰惡意對待你，
要以善行回報他們，
因為這樣做，
你會以仁愛熄滅惡意。

——《長老語錄》

64

一位隱修士來到錫索長老（Abba Sisoes）那裡說：
「長老，我該怎辦？
因為我從恩寵中跌倒了。」
他答說：「再爬起來。」
過了不久，這位隱修士又再回來說：
「現在我該如何是好？因為我又跌倒了。」
這位老人告訴他：「只要再爬起來，再接再勵，不停地重新爬起來。」

——《長老語錄》

65

有位隱修士請求一位長老給他靈修生活的勸告，
他說：「要活力十足地奮鬥。」
隱修士卻回答說：「可是我的思想不斷地壓迫我。」
這位老人對他說：
「聖經上說：『在你困厄的時日要呼號我，我必拯救你，你要光榮我的名。』（《聖詠》四十九篇15節）
所以這是很清楚的：呼求天主拯救你脫離心思的壓迫。」

——《埃及教父語錄》（*Sayings of the Egyptian Fathers*）[17]

17. 請參見本書第 342 頁。

66

你要細察深思
令你的許多思想
具有深遠的正確眼光。

——《埃及教父語錄》

67

你需要一個心靈的朝聖，
此行始自閉上你的嘴巴。

——《埃及教父語錄》

68

經常想什麼就要得到，
習以為常地隨心所欲，
總是走適意的途徑——
這一切引人直達抑鬱低沉。
然而，愛、寧靜和內在生命的默觀潔淨我們的內心。

——《埃及教父語錄》

69

不要瞧不起任何人，
你不知道天主的神比較喜歡住在你內，或他們內。

——《埃及教父語錄》

70

隱修士的規則有七。
最首要的是：
如經上所說，「要全靈、全意愛天主。」
然後是愛你的近人如你自己。
迅速避開一切罪惡。
不以任何理由判斷別人。
不對任何人作惡。
鍛鍊自己，淨化自己脫免物質和心靈上的惡，
培育一顆溫和且純樸的心。
如果你能做到這一切事，
而且只看自己的過錯，
不看他人的毛病，
我們主基督的恩寵必會豐盈地與你相偕。

——《埃及教父語錄》

71

愛是靈魂的最神聖的境界，
因此愛珍視天主的神祕知識超過一切存有。
然而，如果我們執迷於
眷戀有形惡質的價值，
我們無法進入此一愛的境界。

——人稱「精修者」的馬克西牧（Maximus the Confessor）[18]

18. 請參見本書第 338 頁。

72

如果我們相信天主，我們會畏懼祂的審判，
懼怕天主的審判有助於抑制我們肆無忌憚的執著。
一旦我們在這方面得到控制，
我們也將學會忍耐地接受痛苦。
如此的接受會引導我們深深地仰望天主。
這個寄望於天主
開始斬斷我們理智對一切事物的執著。
當我們的理智得到釋放後，
最後會擁有天主的愛。

——人稱「精修者」的馬克西牧

73

一個靈魂如果仍是想像的犧牲品，
受著執著的欲望所驅使，
又滿懷著怨恨，
他仍然處於需要許多淨化的境界。

——人稱「精修者」的馬克西牧

74

如果我們內觀己心，
發現尚存有怨恨的蛛絲馬跡，
不滿他人曾錯待過我們，
我們便應該明瞭，
我們距離天主還遠得很。
天主的愛絕不許我們恨任何一個人。

——人稱「精修者」的馬克西牧

75

如果你愛天主，
你必然也會開始去愛你的近人。
你會發現，
再也不能貯存你的錢財，
反而希望能像天主那樣地分施出去，
慷慨對待一切有急需的人。

——人稱「精修者」的馬克西牧

76

如果你效法天主，布施救濟，
你不可區分誰應得、誰不應得，誰是邪惡的、誰是純潔無罪的。
因為天主伸出雙手，滿全眾人的需求，
認為他們都配得上接受恩惠，
雖然祂明察人心的意向，
總是禮遇好人超過惡人。

——人稱「精修者」的馬克西牧

77

要用齋戒和守夜鍛鍊你的肉身，
勤勉熱心地誦唸聖詠和祈禱，
那麼克制自我的聖化恩寵必會臨於你，
也會帶著愛一起來。

——人稱「精修者」的馬克西牧

78

不要以犧牲你的近人做為聽閒話的代價，
不要浪費時間和愛挑剔別人過失的人談話，
不然，你會從天主的愛跌落下來，
而且發現自己遠離永生。

——人稱「精修者」的馬克西牧

79

把一隻麻雀的腳綁在地面上，
無論牠如何展翅飛翔，
仍是緊栓在地上。
同樣，
如果你的理智要高飛，
達及天主本體的神祕知識，
但仍沒有從執著的激情中獲釋，
它還是緊栓在塵世。

——人稱「精修者」的馬克西牧

80

一旦靈魂開始感受到他已變得多健康時，
也會注意到，
甚至連他的夢也變得單純和平靜。

——人稱「精修者」的馬克西牧

81

如果你是個神學家，
你會在真理內祈禱。
如果你能在真理內祈禱，
那麼你就是個神學家。

——伊瓦格魯斯

82

當你祈禱時，要全神貫注，不要自我展示；
緊緊地退隱到你的心內，
因為魔鬼害怕專心凝神，
甚於小偷害怕小狗。

——若望．克里馬可

83

人心是個小小的容器，
裡面卻有很多的惡狼和猛獅，
有惡毒的野獸和罪惡的所有巢穴，
有崎嶇不平的道路，有斷崖絕壁。
可是也有天主和天使，
在那裏有生命和天國，
也有光明，
有宗徒們和天上的城，
以及恩寵的寶庫。
一切都存在這小小的空間內。

——大馬加留

84

如果使徒的靈魂不是由居住其內具有神的源頭的光明所照耀，
那麼，他們根本不算什麼。
主就是那「燃燒的明燈」，
因為神性位格的神實質地居住在祂內，也在人性內，
使祂的心燃燒起來。

——大馬加留

85

一個老舊發臭的錢包，
能夠裝滿了珍珠。
同樣，基督徒的外表邋該是謙虛的，而且也不太受人敬重，
不過他們的內在，自我的隱密處，
則擁有「最寶貴的珍珠」。（《瑪竇福音》十三章46節）

——大馬加留

86

如果你感到鬱悶消沉，
要進入一個微暗和安靜的地方。
向天高舉雙手，作出十字架的標記。
然後抬起靈魂的眼目仰示天主。
你的鬱悶消沉就會離你而去。

——人稱「新神學家」的西默盎（Symeon the New Theologian）[19]

19. 請參見本書第 343 頁。

87

靈修生活的初步階段，最初的起點，
就是達到某些程度的克制激情。
第二階段是專心於口誦聖詠，
因為當激情平靜下來，
祈禱也有了一些等級，
由於我們尋求得到滿足，
那時聖詠能給我們很大的愉悅，
它們也很悅樂上主的眼目。
第三階段是以我們的心智祈禱，
第四是當我們上升達到默觀時。

——人稱「新神學家」的西默盎

88

教父們形容祈禱有如屬靈的武器，
沒有它們，我們無法應戰，
因為我們勢必會被擄掠，流亡敵邦。
不過，除非我們以一顆開放的心依戀天主，
我們無法獲得單純的祈禱，因為惟獨天主賜給祈禱的人禱告的神恩，
而且也是天主教導我們神祕的知識。

——人稱「苦行者」的狄奧多羅（Theodoros the Ascetic）[20]

20. 請參見本書第345頁。

89

我們無力阻止執著的思想，
使之不折磨、擾亂靈魂。
但是，禁止這些想像在內裡糾纏縈繞，
不許這類的執著來控制我，
則是我們的能力所及的。

——人稱「苦行者」的狄奧多羅

90

從世俗隱退，
意指兩件事：
摧毀我們的執著，
及彰顯隱藏在基督內的生命。（《哥羅森人書》三章3－4節）

——人稱「苦行者」的狄奧多羅

91

上主居住在謙虛人的靈魂內，
因為驕傲的人心充滿可恥的執著，
沒有比傲慢自負的思想更能強化執著的；
也沒有像真福的謙虛那麼快可以根絕靈魂的雜草。

——人稱「苦行者」的狄奧多羅

92

不要讓忿怒和暴躁支配你，
因為經上說，
「發怒的人成為愚蠢者」。（《箴言》十一章25節）
然而，智慧卻居住在溫和者的心中。

——人稱「苦行者」的狄奧多羅

93

如果你希望擁有使徒的生活，
不要讓渴求有形產業的欲望支配你。
一位擁有眾多產業的使徒，
就像一艘超重的船隻：
它受著憂慮的暴風雨衝擊，
沉沒在苦惱的深水中。
愛錢財生出許多罪惡的執著，
稱之為「萬惡的根源」（《弟茂德前書》六章10節）
是很正確的。

——人稱「苦行者」的狄奧多羅

94

基督的朋友，
你應該尋求，在人生道路上有急需時能相幫你的人做你的朋友。
讓你的朋友是和平的愛好者，
他們是內修靈魂的伴侶，
也是聖善的人。

——人稱「苦行者」的狄奧多羅

95

不要培養好吃美食和山珍海味的習慣，
飲食要淡泊，即使這樣，
也要小心避免飲食過度。
正如經上說的，
「不要因為暴食的盛宴而墮落。」（《箴言》二十四章15節）

——人稱「苦行者」的狄奧多羅

96

要日以繼夜地祈禱。
當你快樂時，要祈禱，
當你傷心時，也要祈禱。
要懷著敬畏和顫慄祈禱，
也要懷有警覺和守夜的心意，
那麼，你的祈禱將為上主所悅納，
因為如經上說的：
「上主的雙目垂顧正義的人，
上主的兩耳聽他們的哀聲。」（《聖詠》三十四篇16節思高版）

——人稱「苦行者」的狄奧多羅

97

愛理當稱為諸德之首、法律和先知的滿全。
所以，讓我們盡全力去獲得這份神聖的愛。
經由愛，我們將會獲得釋放，
不受罪惡的掌控所暴虐，
受舉揚上達天堂，
乘著美善的雙翼，
而且在人性可能的情況下，
我們甚至會看見天主的面容。

——人稱「苦行者」的狄奧多羅

98

先祖亞巴郎勤於款待，坐在他的帳幕門口歡迎過客，
他開放餐桌給所有來者，
甚至接待粗俗和卑賤者，
因為他沒有設限。
正為此故，他堪當列席於最非凡的盛宴，
款待了天使和萬有的主宰。
我們也該喜愛修行慷慨的款待，
好能不只歡迎天使，
甚至連上主也親自來做我們的賓客。
因為這是上主對我們說的話：
「凡你們對我最小兄弟中的一個所做的，
就是對我做的。」（《瑪竇福音》廿五章40節）
親切對待眾人是多麼好，
特別是那些無法回報你的人。

——人稱「苦行者」的狄奧多羅

99

如果你的心不責備你，
或是粗心大意，
或深懷邪思惡念，
或拒絕天主的一個誡命，
那麼，你實在是心地純潔的人，
堪當聽到以下這些話：
「心地純潔的人是有福的，
因為他們要看見天主。」（《瑪竇福音》五章8節）

——人稱「苦行者」的狄奧多羅

100

懷著謹慎的理智和謙虛的心，
讓我們一而再地重述大聖雅爾巴紐（Arsenios）常獻給天主的祈禱：
「我的天主，不要捨棄我，
雖然我在祢眼中不曾做過什麼好事。
不過，因為祢是慈悲憐憫的，
請賜給我力量去開始。」
而這是多麼真實，
我們的全部救恩都在於天主對我們的慈悲和深愛。
願光榮、權能和崇敬歸於祂。

——人稱「苦行者」的狄奧多羅

第二篇

默觀篇

1

靈修生活的第二個階段是光明的境界。
這是屬於致力於聖德者，
已達到從著迷的執著中得到釋放的第一個階段。
其特點是對存在的真實本體具有心靈的直觀，
默觀受造物的內在法則，及與聖神的融合。

——尼克塔・司提達托（Niketas Stethatos）[1]

1. 請參見本書第 341 頁。

2

在光明的階段，靈性理智受到神火的淨化；
心靈的眼目張開了，
道（聖言）在我們內誕生，
祂帶來了對至高層次的神祕分辨……。
這一位藉理智的神祕直觀教導我們這個境界，
彷彿厄里亞坐在火馬拉的戰車上[2]。

——尼克塔·司提達托

2. 請參見《列王紀下》二章 11－13 節。厄里亞又譯為以利亞。

3

請注意！
聖經上是如何說的，
祭壇上的火應常燃不熄。（《肋未紀》六章5節）
聖經上還說，
你將稱為上主的司祭，
經上也對你說：
「你們是特選的種族，王家的司祭，屬於上主的子民。」（《伯多祿前書》二章9節）
因此，如果你實在是天主的大司祭，
希望執行你靈魂的司祭職，
要確定你祭台上的火常燃不熄。

——亞歷山大的奧利振（Origen of Alexandria）[3]

3. 請參見本書第340頁。

4

如果你真的希望獲得心靈的靜息，
並且有效看守你的心，
那就讓「主耶穌可憐我」的禱詞，
如同呼吸陪伴你，
不消幾天，
你會看出來，
你如何能獲得這一切。

——赫希基烏斯

5

如果有人真的渴望承行主旨，
天主絕不會捨棄他們，
反而會不斷領導你們行走天主聖意的道路。
如果有人真的把心放在天主的旨意上，
天主甚至會找來一個小孩去光照他，
為能把祂的旨意傳達給他。
可是，如果人沒有真的渴望天主的旨意，
即使他來到先知面前，
天主也會把相稱於尋求者內心欺騙的回答，
放進這位先知的心中。

——加薩的多羅雪（Dorotheos of Gaza）[4]

4. 請參見本書第 328 頁。

6

正如未蒙光照的人不該企圖探索靈性的神祕，
更有甚者，當至聖聖神的光以其強大的光輝照射某人時，
他們也不該想要訴諸言詞。
當靈魂沉醉在神性的愛內，
他只希望以表示靜默的聲音來享有天主的光榮。

——狄厄多修（Diadochos of Photike）[5]

5. 請參見本書第 328 頁。

7

當我們憑著記憶天主，
有效地封鎖了理智的所有大門，
還必須也給理智做些事。
我們只該給它一件事去做，
亦即唸「主耶穌！」這句短禱。
這為理智已是綽綽有餘，
因為經上寫道，
除非在聖神內，
沒有人能說「耶穌是主」的。
讓靈性理智不斷反省這些話，
在其內室全神貫注，
使它不致因任何心內的影像所困擾。

——狄厄多修

8

即使是在現在，光明的國度和天堂的神聖畫像，
我們的主耶穌仍然以之神祕地光照著靈魂。
雖然祂在聖人的靈魂中為王，
基督在群眾的眼裡還是隱藏的。
惟有以靈魂的眼目才能見到祂，
祂如此地保持隱藏，
直到復活之日。
不過到那一日，
我們的身體會覆蓋上天主的光明，
我們的整個存有將會光輝燦爛，
甚至超越我們現今的靈魂。

——大馬加留

9

天主所賜給我們的一切神恩，
超越所有的美，
而且是我們所有美善的根源；
不過，沒有一個神恩如同明達，
那麼能點燃我們的心，
或感動我們去愛美善的本身。
此乃天主恩惠的首生子，
也是祂賜給靈魂的第一個最大的神恩。
它始於斬斷我們當前著迷的欲望，
取代我們對朽腐事物的憧憬，
賜給我們深深愛慕神性領悟不可言喻的富裕。
從那時起，心智在超性的烈焰中著火，
好能成為天使聖祭中的共祭者。

——狄厄多修

10

心愛的人，
如果你真的希望增進你的救恩，
你就該當修行這個祈禱方法：
始於徹底的服從，
以及在天主眼中無罪的良心。
然後，你的心智應當在你祈禱時看守你的心，
彷彿時時不斷巡視著它。
從你內心的中心處，
從心的最深處，
你的心智必會發出它的祈禱。

——人稱「新神學家」的西默盎

11

一旦你的心智已體會到聖經所說的：
「上主是何等的和藹慈善。」（《聖詠》三十四篇9節）
你的心智會深受感動，滿懷愉悅，
竟至不願意離開內心的住所，
它會附和伯鐸宗徒的話說：
「在這裡真好！」（《瑪竇福音》十七章4節）

——人稱「新神學家」的西默盎

12

有時人們發覺自己蒙受明亮的光照，
因天主的恩寵得到短暫的提神，
不過後來，這個恩寵可能拿走，
他們可能陷於抑鬱消沉，
開始口出怨言，甚至沮喪地放棄，
而沒有積極地加強他們的祈禱，
再次呼求得到確保的救恩。
像這樣的舉止，
有如忘恩負義的乞丐，
站在王宮門口接受施捨，
然後憤恨地離去，
因為人家沒有邀請他和國王一起用餐。

——卡巴索的若望（John of Karpathos）[6]

6. 請參見本書第 336 頁。

13

聖經上說：
「那些沒有看見而相信的人，更是有福。」（《若望福音》廿章29節）
就是這樣，那些感到恩寵已遠離他們，
在他們的心中再找不到任何慰藉，
有的只是不斷的磨難和黑暗的深淵，
即使這樣，仍不屈服於絕望的人，
是有福的。
他們反而從自己的信德獲得力量，
好能勇敢地承擔，
也確實認為藉此方式，
他們正在體驗面見無形可見的天主。

——卡巴索的若望

14

記得天主，比起記得呼吸，還來得要緊。

——納祥的國瑞（Gregory of Nazianzus）[7]

7. 請參見本書第 330 頁。

15

清澈透明的心啊！
你是有福的，
因為你是神居住的地方。
單純的心啊！
你是有福的，
你注視著隱藏的實體。
血和肉，
你是有福的，
因為你是「吞噬的烈火」[8]的住所。
由泥土造成的凡人身體，
你是有福的，
因為你是使世世代代燃燒的火源。

——人稱「敘利亞人」的撒多納[9]

8. 出自《申命紀》四章24節。
9. 請參見本書第342頁。

16

這真是一件令人驚奇和訝異的事，
在祂面前，甚至連諸天都不純淨，
而且祂還使大天使充滿敬畏，
竟然會想在一顆血肉的心內得到喜樂和愉悅，
那對祂滿懷摯愛的人，
也因此變成夠大和夠純淨，
足能做為祂的住所。

——人稱「敘利亞人」的撒多納

17

凡擁有愛亦即成全地遵守誡命的人，
他成為聖三的居所，
能在他的心內看見天主充滿光明的顯現。
堪當看到這顯現的心是有福的；
已經成為愛之家的心是有福的，
神的源頭[10]會來居住其內。
這樣的人，即使活在現世，已生活在天堂的國度。

——人稱「敘利亞人」的撒多納

10. the Godhead。

18

讓我擁抱天主之愛在我們心內的燃燒烈火，
因為心地的純淨源自我們親近祂。
惟有不斷和專注的凝視，
心神才會傾向天主。
不過，當靈魂的單純眼目所氾濫的強烈光芒，
係來自高天的傾瀉，
那時則是天主的愛在我們心內燃起大火焰。

——人稱「敘利亞人」的撒多納

19

主！祢應受讚美！
祢居住在高天，卻選擇生活在人類的心中，
使之與祢並排於高天之上，
在那裡與祢生活在一起，
在最高處，也在極深處，
讚美祢，光榮歸於祢！
祢將如此神妙化工賜給人心，
那是祢親手從塵土中造化的。

——人稱「敘利亞人」的撒多納

20

眼目已清除今世所有的痛苦——
那些黑暗風暴的雲朵，
以及得到單純和清澈，
使之能分辨包圍在光明雲朵內的天主，
這樣的靈魂是有福的。

——人稱「敘利亞人」的撒多納

21

當你仍糾纏在有形的事件中，
為了永無休止的操心而動盪不安時，
你無法達到純潔的祈禱，
因為祈禱正是思想的棄捨。

——伊瓦格魯斯

22

上主的胸懷：
此即天主的神祕知識。
凡斜倚其上者，
必會是個神學家[11]。

——伊瓦格魯斯

11. 譯按，請參閱《若望福音》十三章 23－26 節：最後晚餐時，若望宗徒靠在耶穌的胸懷，希臘基督徒傳統中，都稱若望是神學家。

23

安當院長說：
我不再懼怕天主，
我已達到了愛祂，
因為圓滿的愛驅逐我們的恐懼。（《若望壹書》四章18節）

——《教父語錄》

24

天國意指靈魂的不動感情，
以及懷有真實的心靈洞見，
徹入存在的實體。

25

——伊瓦格魯斯

天主的國，
亦即聖三的知識
充滿靈性理智的整個容量，
帶領它進入不朽之境。

——伊瓦格魯斯

26

如果你獲致神祕知識，
且經驗到來自其中的愉悅，
傲慢自大的黑暗之神就不再是你的誘惑，
即使牠呈現給你舉世的所有王國亦然。
請容我問一句，
還能有什麼可勝過心靈默觀的愉悅嗎？

——伊瓦格魯斯

27

當靈性的理智開始瞥見其內在的光輝時，
當它即使受到夢境幻像的驚擾時，
仍能保持寧靜的心境，還有，
當它能平靜地回顧所有的生命事件時，
你能夠說已經達到了「不動情」[12]的境界。

——伊瓦格魯斯

12. dispassion。

28

當靈性的理智實行克苦的生活，
賴天主的助祐，
得以親近神祕的知識時，
萬一它還對次於理性的靈魂事務有所知覺的話，
它會停止對其保有過多的知覺，
因為默觀的知識帶它處於高境，
且使之超越感官。

——伊瓦格魯斯

29

守誡命未必是靈魂能力的全面康復，
為此，靈性的理智也需要默觀的神見。

——伊瓦格魯斯

30

愛是「不動情」的孩子，
「不動情」則是踐行克修的花朵。
刻苦修行在於遵守誡命。
誡命的保護者就是敬畏天主，
敬畏天主是正直信德的孩子。
信德是如此先天的好事，
甚至能夠在尚未知曉相信天主的人身上找到。

——伊瓦格魯斯

31

祈禱是靈性理智和天主交談。
設想一下，必須有何種程度的靈性知覺，
方能使我們毫不猶豫地站在主的面前，
並且和祂面對面地談話。

——伊瓦格魯斯

32

祈禱是從喜樂和感恩放射出來的。

——伊瓦格魯斯

33

祈禱治癒悲傷和消沉。

——伊瓦格魯斯

34

一旦你學會了忍耐，
你就會經常在大喜大樂中祈禱。

——伊瓦格魯斯

35

除了天主之外，還有誰是善的？
所以，要把你的全部生命交託給祂，
那麼，你必萬事如意。

——伊瓦格魯斯

36

我們的天主是好的，
而且，確實是美好禮物的賜予者。

——伊瓦格魯斯

37

如果你祈求天主給你的東西，沒有馬上到手，
不要沮喪。
天主希望給你更大的恩惠，超過你所想要祈求的——
為教導你恆心於祈禱。

——伊瓦格魯斯

38

你能設想還有什麼更大的事，
勝過和天主本身共融，
及完全專注於天主嗎？

——伊瓦格魯斯

39

心無旁騖的祈禱是人類理智的至高活動。

——伊瓦格魯斯

40

我們努力過著光榮的生活，
為此我們能領悟存在事物的內在意義，
而我們努力領悟這事，
為能在萬物的本體中心讓位給神「道」[13]；
因為當我們處於祈禱的境界時，
「道」（聖言）親自把自己顯示給我們。

——伊瓦格魯斯

13. the divine Logos，指天主聖言。

41

祈禱的境界即是超越執著於形而下的狀態。
在深奧的愛中，
它提升喜愛智慧的心靈達到超量實體[14]的高境。

——伊瓦格魯斯

14. Intelligible reality。

42

如果你「以心神和真理」祈禱，
你就不再因天主的化工光榮天主，
而會因祂自身而讚美祂。

——伊瓦格魯斯

43

當心智淨除自我的墮落狀況，
且已穿上恩寵的身分，
那時在祈禱的時間裡，
它能觀看自己的內在狀態，
好似藍玉或蔚藍的天。
聖經上稱此為天主的住所，
是長老們在西乃山上所看見的。（《出谷紀》[15]廿四章10節）

——伊瓦格魯斯

15. 或譯《出埃及記》。

44

當你祈禱時，
不要試圖在你內以任何想像的形式面對神的源頭[16]，
不要讓你的心神侷限在任何特別形狀的模式內。
反而要以形而上的方式親近無形的天主，
那時你自會明瞭。

——伊瓦格魯斯

16. the Godhead。

45

《默示錄》[17]中有段經文提及一位天使，
他帶著乳香，連同聖人的祈禱一起奉獻。（《默示錄》八章3節）
依我看來，這話指的是，
天使帶來真正祈禱的恩寵，
使之在我們內活躍，
好使心神此後能堅定屹立，
從所有的不安、憂慮和粗心中得到釋放。

——伊瓦格魯斯

17. 或譯《啟示錄》。

46

《默示錄》中提及的香料的金盂，
聖經上說，
是眾聖徒的祈禱，
由二十四位長老奉獻的。
金盂象徵天主的愛，
或者，更明確地說，
是成全的靈性之愛，
藉此使得「在心神和真理」中的祈禱變得充滿活力。

——伊瓦格魯斯

47

如果你真的祈禱，
你會找到很大的信賴，
天使會臨於你。
就像他們曾接近達尼爾[18]（《達尼爾先知書》二章19節），
而且他們會來光照你，
使你領悟受造界的內在意義。

——伊瓦格魯斯

18. 或譯為但以理。

48

正如視覺是所有感官中最重要的，
同樣，祈禱是所有德行中最神聖的。

——伊瓦格魯斯

49

當你站立祈禱，
且體會到沒有其他的喜樂能與之相比，
那時你確實已經發現真正的祈禱了。

——伊瓦格魯斯

50

一個人的頭上裝飾著極珍貴的王冠，
鑲著串串的印度寶石和珍珠，
這是多麼的美麗。
然而，一個靈魂充滿天主的知識，
受到光輝燦爛的默觀所啟發，
因為聖神居住在其內，
這個靈魂的美麗更是無可比擬。
誰能相稱地述說這樣有福的靈魂呢？

——人稱「苦行者」的狄奧多羅

51

昂貴香水的芳香，
即使緊緊封閉在香水瓶內，
仍然香氣四溢，
瀰漫屋子裡的每個房間，
不只愉悅香水的主人，
也悅樂鄰人。
聖者的靈魂也是這樣，
因深蒙主愛，
透過身體的所有感官，
散發其芳香，
使那能明辨的人知道，
聖德乃是隱藏於內的。

——人稱「苦行者」的狄奧多羅

52

當你墜入情網時，
你不斷掛念的必是時時不斷找機會親近所愛的人，
而且凡阻礙你和愛人相伴和交往的事，你自會避開。
當人愛上了天主，也會同樣如此。
這人不斷地渴望和祂在一起，與祂交談。
這只能經由純潔的祈禱才能獲得，
所以，讓我們以全力修行祈禱，
因為祈禱使我們變得相似上主。
這正是聖經中說這話的含意：
「天主，祢是我的天主，
我在黎明向祢呼號[19]；我的靈魂渴慕祢。」（《聖詠》六十三篇1節）
這人在黎明向天主呼號，
象徵靈性理智已經遠避一切惡事，
而且由於內心深處深蒙主愛而受傷。

——人稱「苦行者」的狄奧多羅

19. 譯按，思高譯：我急切尋覓祢。

53

當愛使理智沉醉而出神在天主的神祕認識中，
它遠離存在的現實，它那時就會知道天主的無限。
如同依撒意亞先知告訴我們的，
正是在那時，它完全在自我以外，深深意識到自己的渺小。
在它的驚訝之下，它重述先知的這句話：
「我有禍了！我完了！
因為我是個脣舌不潔的人，
住在脣舌不潔的人民中間，
竟親眼見了君王——萬軍的上主！」（《依撒意亞先知書》六章5節）

——人稱「精修者」的馬克西牧

54

越過所有的存在現實，
且領略神性美麗之無窮愉悅的靈性理智，
是有福的。

——人稱「精修者」的馬克西牧

55

不要輕視基督愛的誡命，
因為那是使你能成為天主子女的途徑。

——人稱「精修者」的馬克西牧

56

聖天使的完美平安，來自他們的兩個不變特質：
他們愛天主和彼此相愛。
這同樣適用於每一世代的聖人。
所以說：「全部法律和先知，
都繫於這兩條誡命。」
這話是極真實的。

——人稱「精修者」的馬克西牧

57

一個能在聖神內說「耶穌是主」的人，
就是一個已達到如此愛之境界的人，
他們的整個存在都順服於愛。

——人稱「精修者」的馬克西牧

58

救主誡命的宗旨是釋放理智，
免於罪惡和粗魯，且帶領它進入祂的愛及彼此相愛。
從這愛放射出神祕知識的燦爛光輝，
天主的神聖能力使之成為可能。

——人稱「精修者」的馬克西牧

59

如果你勤勉地專注於內修生活，
你會變得拘謹和容忍，仁慈和謙虛。
接著，你也能夠默觀，
以神學的觀點思索和祈禱。
此乃保祿宗徒說這話的意思：
「在聖神內行走。」[20]

——人稱「精修者」的馬克西牧

20. 譯按，出自《迦拉達人書》五章16節。思高譯：隨聖神的引導行事。

60

救主告訴我們：
「心地純潔的人是有福的，
因為他們要看見天主。」（《瑪竇福音》五章8節）
當他們已經以愛和自我克制淨化了自己時，
他們會看見祂，
及所有隱藏在祂內的寶藏。
他們愈潔淨，所看見的也會愈清晰。

——人稱「精修者」的馬克西牧

61

當你覺察堪受神性和超現實的默觀時，
你要全力專注，
在愛和自我控制上精益求精，
因為這樣做，
你能全然寧靜地看守你動搖和不安的靈魂，
並且使它的光明輝煌地照耀著。

——人稱「精修者」的馬克西牧

62

要以愛來克制靈魂的不停變動。
以自我控制來平靜其欲望。
以祈禱給理智的能力雙翼。
那麼你靈性的理智之光絕不會變得暗淡。

——人稱「精修者」的馬克西牧

63

愛和自我控制把靈魂從其執著的事物釋放出來。
閱讀聖書和自省能解除理智的無知。
定時祈禱
把靈魂帶入天主的真正臨在中。

——人稱「精修者」的馬克西牧

64

按本性來說，惟有天主是美善的，
而以道德的觀點而言，
只有效法天主的人才是美善的。
這種人的生命只有一個目標：
絕不會遠離惟一要緊的目標，
亦即我們的天主本身。

——人稱「精修者」的馬克西牧

65

靈魂如果傾向有形的物質，
則如同硬化的黏土。
若傾向天主時，
則如同蠟，按靈魂的所懷目的和意向，
他能變成硬化的黏土，或像蠟……。
任何傾向天主的靈魂，
就是柔軟得好像蠟一般，
並領受其內天主實體[21]的印像和印記。
在聖神內，他成為天主的真實居所。

——人稱「精修者」的馬克西牧

21. Divine Reality。

66

凡相信的是敬畏的。
凡敬畏的是謙虛的。
凡謙虛的變成柔和的。
凡柔和的平息性的欲望和侵犯行為，並開始遵守誡命。
凡遵守誡命的已變成純淨的。
凡純淨的是已蒙光照。
凡蒙光照的即是聖言新郎[22]的淨配，
與祂共享奧祕的新婚洞房。

——人稱「精修者」的馬克西牧

22. the Divine Logos-Bridegroom。

67

尋求神祕知識的門徒，
應該為他們的免於凶惡，
不斷向天主呼號，
且為了他們享有祂的福祐而感恩。

——人稱「精修者」的馬克西牧

68

靈魂絕不會獲致天主的神祕知識，
除非等到天主親自俯身慈悲地緊握著他，
高舉著他靠近自己。
人類的靈性理智缺乏這個上升和分享神性光明的能力。
天主必須先把理智帶到高處——
達到人性可能的程度，
而後以神性的光芒來光照它。

——人稱「精修者」的馬克西牧

69

正如福音告訴我們的，
具有單純信德的門徒，
能靠著修練德行移除他們罪過的高山。（《瑪竇福音》十七章20節）
正是用此方法，
我們將自己從迴旋不止的存在感釋放出來。

——人稱「精修者」的馬克西牧

70

如果你能做個真使徒，
你會從聖言（Logos）的手中得到神祕麵包的碎片，
而且以之餵養無數的人。

——人稱「精修者」的馬克西牧

71

「安息日的安息日」[23]
象徵受聖言形塑的靈魂其靈性的平靜，
他的理智甚至從默觀所有存在界的神聖原則中隱退。
像這樣的靈魂，
經由愛的出神，
完全穿上天主，
因為神祕神學帶領她達到天主內完美的靜止。

——人稱「精修者」的馬克西牧

23. 請參見《肋未紀》十六章31節。思高譯：全休息的安息日。

72

天國是得救者的產業，
是他們的住所，
也是他們的家，
此乃真實的聖言[24]教導我們的聖傳。
這是那些把欲望轉向終極目標者的最後滿全。
一旦他們達到這個境界，
他們的所有行動都將獲得安息，
因為在那裡，
他們已不再有還得經歷的時間或世代。
越過所有事物後，他們必會安息於天主，
祂是先於萬世萬代的，
也是世代無從容下的。

——人稱「精修者」的馬克西牧

24. the True Logos。

73

因著你的克修和你的默觀，
你可以達到內修生活的最高層次，
不過，只要你仍活在當下的生命中，
你的靈修知識和預言，
以及聖神的擔保，
全都「只有局部」是你的，
絕不會是全部。（《格林多人前書》十三章9－12節）
可是當你越過束縛的年限，
達到成全的境界，
堪當面對面看見真理時，
真的是這樣，
那時你就不再只有局部的滿足，
而是分享恩寵的整個圓滿，
如聖保祿[25]所說：
「達到基督圓滿年齡的程度」，
因為在祂內蘊藏著智慧和神祕知識的一切寶藏。（《哥羅森人書》二章

25. 或譯保羅。

3節）

——人稱「精修者」的馬克西牧

74

由於肉身特別融合於神化的過程中，
它也會跟著靈魂一起神化，
所以獨一者天主[26]也顯示自己給靈魂和肉身，
因為祂同時帶動它們，
藉著祂滿盈的光榮，
使其超越本性的限制。

——人稱「精修者」的馬克西牧

26. the One God。

75

真愛天主和神性的知識，
且又結合靈魂棄絕戀愛有形的物體時，
這就是我們的脫免兇惡，
也是我們得救的捷徑。

——人稱「精修者」的馬克西牧

76

靈性理智變得無礙，
不執著於有形式的物體，
且超越愉悅或悲傷的覺知，
這是當它結合於天主，
且與祂合一時，
祂真的是我們所渴慕、渴望和愛的一切。

——人稱「精修者」的馬克西牧

77

天主成人的事實
是我們希望人性神化的堅定確證。
人性將成為神性，
正如天主親自成為一個人。
沒有絲毫罪過而成為人的祂（《希伯來人書》四章15節）
將會神化人性，然而卻沒有改變人性成為神性，
而祂會親自高舉人性上達高處，
有如祂曾為人的得救降到低處。
此乃大宗徒保祿的奧祕教導，他說：
「將自己無限豐富的恩寵顯示給未來的世代。」（《厄弗所人書》二章7節）

——人稱「精修者」的馬克西牧

78

並非人人都能達到超越靈魂的至高境界，
不過人人確實都可尋求與天主和好，
也就是這樣做，
他們必將拯救他們自己。

——若望·克里馬可

79

各式各樣的德能，及存在物的內部規律，
全是神性的祝福，
且藉著它們，天主繼續不斷地降生。
祂賦予德能形體，
也把靈魂給予神祕知識的內在規律。
藉著這些方法，祂神化堪當的人，
在他們身上蓋上真德行的印章，
賜給他們真理方面神祕知識絕對正確的本質。

——人稱「精修者」的馬克西牧

80

天主按人類領悟神性光榮的方式，
顯示給每一個人。
對那些渴望超越複雜的物質結構，
及心靈的能力完全整合，
為能親近地跳躍在神四周的人，
祂顯示自己為三位一體和聖三……。
對於能力仍侷限在複雜的物質結構，
及靈魂的能力尚未整合的人，
祂顯示的是他們的存在狀態，
而非祂自己，
因為他們仍受縛於物質和形式的雙重人性概念。

——人稱「精修者」的馬克西牧

81

聖宗徒保祿述說聖神的不同能力是各式各樣的神恩，
告訴我們這全是來自同一聖神的能力。
然而，聖神的顯示是按每個門徒的信德程度而賦予，
在恩寵的一個特殊恩賜內，
以共融的方式賜予。
這聖神的能力適於每位相信者，
相稱於他們靈魂境界的品質，
及他們的信德和接納的能力，
而且，正是聖神能力的這個恩寵，
使他們有能力實行各式各樣的誡命。

——人稱「精修者」的馬克西牧

82

在諸事當中，
你該當先得到三件事：
第一是自由無礙，沒有生活上的焦慮掛心；
第二是清澈的良心；
第三是完全的超脫。
如此一來，你的思想就不再纏繞著形下的事物。
當你已經修得了這些功夫後，
要獨自在清靜的地方坐下，
離開每個人的道路，關上門，
使你的理智從一切沒有價值和短暫的事物中引退。
然後這樣祈禱：
把你的頭靠在胸上休息，
以理智的眼目凝聚你身體的視力於你腹部的中央，
即你的肚臍。
稍微抑制一下鼻孔的韻律，
好讓理智能在內裡探索你的內在自我，

因為心所在之處，
靈性理智的所有能力也會以之為其住所。
開始時，你所發現的只有黑暗、乾枯和晦暗。
不過你若堅持下去，專心致志，不分晝夜，修行這個功夫，
你會發現——這是多麼神妙之事——
喜樂不絕的黎明破曉。

——人稱「新神學家」的西默盎

83

一旦理智已完成它的工作，
發現內心的住所，
它也會立刻看到先前一無所知的事物，
也是從未希望找到的事物。
它會看到心內開放的空間，
也會看到它本身滿是光的輝耀，
且充滿明辨和覺知的能力。
當這事發生時，
無論從什麼根源來的思想，
都可能想要再興風作浪。
完全不要讓它們在理智內弄出想像或演繹的形式，
而要以呼求耶穌聖名來驅逐每一個思想，
祈求說：「主耶穌基督，可憐我吧！」
賴天主的助祐，
你會親自明白其餘的。
不過要確實嚴格看守你的理智，

且在你的內心保留耶穌，
用這些話來祈禱：
「主耶穌基督，可憐我吧！」
——人稱「新神學家」的西默盎

84

當天主的愛淹沒時，
它不只使祂所愛的人和天主結合，
也連合每一個人。

——人稱「利比亞人」的達拉西歐（Thalassios the Libyan）[27]

27. 請參見本書第 344 頁。

85

愛是惟一的因素，
能把天主和祂的受造物結合
且帶來相會的和諧。
——人稱「利比亞人」的達拉西歐

86

一個致力於經常以愛生活的人，
在天主和眾人的眼中是何等寶貴。
——人稱「利比亞人」的達拉西歐

87

愛和自我克制淨化靈魂。
純潔的祈禱使靈性的理智光芒四射。
——人稱「利比亞人」的達拉西歐

88

以寂靜在你的感官上加封條，
而後評斷你的內心
發出喧嘩吵鬧的思想是對是錯。
——人稱「利比亞人」的達拉西歐

89

我們的主天主是耶穌基督，
任何跟隨祂的人
靈性理智絕不會存留在黑暗中。
——人稱「利比亞人」的達拉西歐

90

不要輕視修行的苦工，
那麼你的靈性理智會變成光明的。
所以經上說：
「我要顯示給你看不見和隱藏的財寶。」[28]

——人稱「利比亞人」的達拉西歐

28. 《依撒意亞先知書》五章3節，思高譯：我要把隱藏的錢財和祕密的寶物賜給你。

91

靈性的理智已從執著中得到釋放，
變為充滿了光明，
由於對存在現實的神祕直觀，
它甚至更形明亮。

——人稱「利比亞人」的達拉西歐

92

靈性知識是靈魂的燦爛光明，
凡缺乏的人就是聖經上所說的
「在黑暗中行走的愚人。」（《訓道篇》[29]二章14節）
——人稱「利比亞人」的達拉西歐

29. 又譯《傳道書》。

93

一旦靈性理智已經達到圓滿的淨化，
它會開始感到其存在性限度的約束，
因而會渴望超越所有短暫的現實。

——人稱「利比亞人」的達拉西歐

94

已經達到無限中的無限者是有福的，
因為他們已經超越所有限度的限度。

——人稱「利比亞人」的達拉西歐

95

達到了不動情的高境，
甚至會使我們連心靈的反省也是不動情的。
而神祕知識的崇高境界，
帶領我們進入天主的臨在中，
祂是超越所有可能認識的那一位。

——人稱「利比亞人」的達拉西歐

96

至聖且同體的聖三，
其神祕知識是為聖化和神化而給予人類和天使的。

——人稱「利比亞人」的達拉西歐

97

仍在神修道路上前進的人，
必不會達到靜止狀態。
然而已經達到成全境界的人，
很少會從他們行走的道路偏離。

——人稱「利比亞人」的達拉西歐

98

把你的靈魂從感官事務的物質知覺中抽離，
那麼你的靈性理智會發現它在天主內，也在理智事物的世界中。

——人稱「利比亞人」的達拉西歐

99

天主是光、
至高者、
不可親近者；
天主不是心智可以想像、
或口舌能述說的。
對每個理性受造物而言，
天主是賦予生命者。
天主之於靈性理智的世界，
猶如太陽之於感官的世界，
祂按照我們的淨化等級，
在我們的心智內顯示其神性。

——納祥的國瑞

100

老師，一如以前祢曾垂目注視過我們，
請再垂顧我們。
正如祢為了我們的得救，
而刻意降生成人——
因為祢來拯救迷失的我們。
所以，現在請不要把我們從得救者的團體中剔除。
請提拔我們的靈魂，
並拯救我們的肉身，
潔淨我們完全免於一切邪惡。
主！解救我們脫離癡迷的欲望，
讓我們在永光中只朝拜祢。
讓我們從死者中復活，
在那榮福、永恆和不絕的鐘聲中舞蹈——
此乃我們和天使們的歡舞。

——人稱「利比亞人」的達拉西歐

第三篇

神祕靈知篇

1

我們經過三個發展成全的階段而上升：
煉淨的、得到光照的，最後是神祕的，亦即成全之境。
第一階段屬於初學者，
第二是較有進步的人，
第三為成全者。
如果我們對此很認真，
那麼我們會向前邁進通過這三個階段，
在基督內達到成熟，
最後獲致圓滿成熟的高境，
「達到基督圓滿年齡的程度」。（《厄弗所人書》四章13節）

——尼克塔．司提達托

2

正如思想進入內心，
只經由感官經驗的內在形像，
同樣，天主的榮福之光光照人心，
只當它已經完全空虛了一切事物，
且淨除所有的感官形式。
的確，那光明是顯示給純潔理智的，
相稱於它空虛所有觀念形式的程度。

——赫希基烏斯

3

碳能夠產生燃燒的火焰。
天主亦然，由於我們受過奧祕的神聖洗禮，
祂居住在我們的心內。
當祂看到我們的心智掙脫邪惡的影響，
達到平靜的境界，
以理智的監控加以防護時，
祂會迫不及待地點燃我們的心智，
燃燒著默觀——如同火焰點燃蠟燭。

——赫希基烏斯

4

當內心已獲得寂靜時，
它會仰望知識的高度和深度，
而一旦理智寧靜了，
就會從天主聽到神奧美妙之事。

——赫希基烏斯

5

天主把祂賜給我們的奧祕隱藏起來，
好使祂能教導我們在愛內去尋覓它們。

——愛德沙的納撒依

6

再沒有比心靈的啟蒙之光更輝耀的，
沒有塵世的智慧擁有與之相稱的能力。
它不能以珍珠或貴重寶石的磅秤來衡量，
沒有什麼無價之寶可與之相比。
沒有什麼美是接近其內在美的，
其他所有的美物都無法與之相較。
它比世上任何一切都更令人渴望，
它的美甚至能使世界著迷地追求，
同時也引誘天使和人類。

——愛德沙的納撒依

7

潔淨你靈魂的鏡子，
獨一無二的光明便會淹沒你，
向你顯示此光乃天主聖三。
那時候這光會被帶入你的內心，
在那裡，你會看到生活的天主。

——達佑塔的若望

8

天主之愛的本性是猛烈的，
而當它以非凡的等級降臨於一個人時，
它把靈魂帶入神魂超拔中。

——尼尼微的依撒格（Isaac of Nineveh）[1]

1. 請參見本書第332頁。

9

人不可能看見天主，
然而「在人不可能的，在天主是可能。」（《路加福音》十八章27節）
所以當天主允許時，祂能夠讓人看見，
讓祂所揀選的人看見，
且按祂願意的時候和方式看見，
因為在諸事中，
天主是全能的。
從前祂藉著聖神，以預言的方式被看見，
祂也藉著聖子的啟示，
以「領養」[2]的方式讓人看見……，
來日，在天國裡，
祂會如同父親般被看見。
聖神在天主聖子內預備人類，
而聖子帶領他們歸向聖父，
聖父賜他們永生的不朽恩典。
此乃凡仰望天主聖容者所承受的。

2. 藉著耶穌，天主成為我們眾人之父，所以稱領養。

凡看光的就是在光內，
也分享這光的明輝。
正是如此，凡看見天主者就是在天主內，也蒙受其輝煌，
而面見天主的一線光輝賦予我們生命。

——里昂的宣仁（Irenaeus of Lyons）[3]

3. 請參見本書第 332 頁。

10

對未來幸福的期待，
聯繫著靈性理智所嚮往的。
當它繼續不斷地存留於這些幸福中，
它變得遺忘當下的現實。

——人稱「利比亞人」的達拉西歐

11

耶穌是基督[4]，
至聖聖三中的一位，
而你將成為祂的繼承人。
——人稱「利比亞人」的達拉西歐

12

當靈性的理智剝除其執著時，
它發現聖神，且以同一方式，
聖神推動它進入所希冀的圓滿。
——人稱「利比亞人」的達拉西歐

4. 默西亞，或譯彌賽亞。

13

當靈性的理智開始修持神聖的智慧時，
它以信德作為開始。
然後經過當中的階段，
直到它再次達到信德，
不過這次的信德是最為卓越的。

——人稱「利比亞人」的達拉西歐

14

聖人在默觀中所能看見的天主的形式，
不是天主本身，
而是祂神性特質的顯示。

——人稱「利比亞人」的達拉西歐

15

基督在門徒面前改變聖容，
為什麼要帶著他們上到高山呢？
這是為了指出，
當門徒達到愛的頂峰時，
他們超越自己，
且看到了不可見的那一位。
這樣的人飛越隱晦的雲朵，
進入靈魂內的純靜天空，
因此能更敏銳地注視正義的太陽，
雖然對完美地面見神的源頭[5]，
常是超越我們的能力所及。
在那天要在獨居中祈禱，
因為寂靜是祈禱之母，
祈禱則是顯揚天主的光榮。

——大馬士革的若望（John of Damascus）[6]

5. the Godhead。
6. 請參見本書第 335 頁。

16

如果你真的渴望神祕知識，
亦即得救的確實擔保，
那麼首先要集中心力，
打破靈魂對身體過分操心的束縛，
剝除靈魂執迷於物性的外衣。
而後讓他赤裸地潛入謙虛的深處，
因為就是在那裡，
你會找到得救的寶貴珍珠，
隱藏在神性知識的外殼內。

——人稱「司鐸」的狄奧諾斯托（Theognostos the Priest）[7]

7. 請參見本書第 345 頁。

17

當你不再任由你的執著擺布時，
你感受到天主的愛在你的心中更深入地焚燒。
當你達到這個境界時，
當死亡的思想不再令你充滿憂慮恐怖——
因為你只把它看作好似一場夜夢，
更切題地說，
如同令人愉悅的釋放——
那時，你確實找到了你得救的保證。
在那一天，你會充滿難以言喻的喜樂，
因為你在自己內攜帶著天主的國。

——人稱「司鐸」的狄奧諾斯托

18

我要告訴你一些怪異的事，
你千萬不可驚慌失措。
當靈魂達到純潔、信德和愛的至高境界時，
會有個神祕現象發生在靈魂和天主之間。
當門徒達到最後的和諧一致時，
導致和天主的合而為一，
因為藉著不斷的祈禱和默觀，
天主居住在靈魂內。
當厄里亞 關閉蒼天、造成旱災時，
他就是在如此的結合中；
梅瑟 亦然，他只伸出他的手，就使海水分開，及征服阿瑪肋克人；
約納 同樣如此，當他安全地離開海洋和鯨魚的深處。

——人稱「司鐸」的狄奧諾斯托

19

我們的天主極其深愛人性，
達到此一結合境界的門徒發現，
天主完全不拒絕他什麼。

——人稱「司鐸」的狄奧諾斯托

20

要經常忍耐地等待，
以你的信德做出愛德的行動，
直到天主賜給了你光明，容許你去教導。
當一個知識分子投身鑽研神學，
卻又毫無天主時，
再沒有什麼比這更悲哀的事了。

——狄厄多修

21

凡不斷默想耶穌至聖榮福聖名的人，
在他們內心深處能有時看到自己靈性理智的光輝。
因為當心智深深地專注於此祈求時，
我們實際體驗到，
它如何開始焚燒通常使靈魂窒息的層層汙穢。

——狄厄多修

22

如果你能在心中察覺天主的愛，
要知道，你確實已為天主所熟識。
由於我們在內心體驗到天主之愛的感受，
我們已真的進入天主的愛。
從那時起，我們無法不全心渴望神祕知識的光照，
到了那時，我們能感受到它進入我們的每根骨頭，
徹底地神化我們。

——狄厄多修

23

有時靈魂開始著起火來，懷著天主的愛，
具有隱形卻又正確無誤的推動力量，
甚至連身體也被帶入不可言喻之愛的深淵。
我們能體驗到那神聖恩寵的強力，
當我們極度警醒時，
或甚至，如我在另一處說過的，
在我們開始沉睡時。
不過，當你感到這個動作時，
要確實知道——而這是最重要的——
這是天主聖神在我們內的行動。

——狄厄多修

24

在初期的階段，恩寵通常這樣光照靈魂，
使她對自己內在的光輝有著很深的意識，
不過，當靈魂前進時，
穿越艱辛的明路時，
這時的恩寵通常以超越感覺的方式，
傳達親密的奧祕。

——狄厄多修

25

國王的寶庫充滿黃金，
真正門徒的心，
則充滿靈魂的知識。

——卡巴索的若望

26

當你默想聖神的至聖神諭時，
你祈禱的烈火甚至會上升到更高之處。
要讓這夥在你靈魂的祭台上焚燒，
如同永恆的火焰。

——卡巴索的若望

27

要在祈禱中平靜安坐，
凝神專注於內，
好使你能在聖德上突飛猛進，
並杜絕罪惡。
因為當你對神祕知識如此靈敏時，
你會獲得極豐富的默觀洞見，
澈悟如此之多的事物。
如果你再登上更高的境界，
我們救主的真光甚至會更燦爛地照耀你。

——伊瓦格魯斯

28

我們理智的本性，由於邪惡已經死了，
但基督藉著世世代代的默觀使之復生。
基督的聖父，藉著祂親自給予的靈性知識，
舉揚死於基督內的靈魂。
此乃保祿這句經言的涵意：
「這話是確實的，
如果我們與基督同死，
也必與祂同生。」（《弟茂德後書》二章11節）

——伊瓦格魯斯

29

門徒藉著祈禱能變成和天使一樣，
他們渴望「看見天父的聖容」。

——伊瓦格魯斯

30

你真的渴望祈禱嗎？
那麼要把當下短暫的事物拋到背後，
不只理論上，而是真實地，
以天使般的行動，
和更加神性的神祕知識度你的生活，
如同你已經在天堂上。

——伊瓦格魯斯

31

信德是愛的開始，
天主的神祕知識是愛的成全。

——伊瓦格魯斯

32

如同經上所寫的：
「天主的榮耀停留於以色列[8]。」
意即停留在理智上，
這個理智，在可能的範圍內默觀天主本體光榮的美。
經上接著說：
「祂的大能在雲上[9]。」
指出把坐在祂右邊的愛子顯示給充滿光照的靈魂，
他們注視著黎明曙光，
而祂如何使他們滿溢光明，
就像陽光瀰漫純潔的白雲。

——赫希基烏斯

8. 《聖詠》第六十八首35節。思高譯：天主的榮耀光照以色列人。
9. 《聖詠》第六十八首35節。思高譯：祂的神威已發現在天雲。

33

一旦內心完全空虛精神上的形像，
必會導致神性和神祕的觀念戲遊於其內，
就像魚和海豚在平靜的海中玩耍，
有如輕柔微風吹拂海水，泛起漣漪，
受聖神引導的內心深淵亦然。
正如經上所寫的：
「因為你們是兒子，
天主派遣了自己兒子的聖神，
到我們心內喊說：阿爸，父啊！」（《迦拉達人書》四章6節）

——赫希基烏斯

34

如果「主耶穌，可憐我」這句禱詞不斷地在你的腦海和口脣上，
而且耶穌的聖名經常存在你的心中，
就像我們身體內血氣的循環，
或像蠟供應燭火，
這會帶給你多大的幸福。
當太陽升上地面時，帶來白天，
主耶穌神聖可敬的聖名，
當它開始不斷地照耀心智時，
引發無數全然宛如陽光般明亮的神祕領悟。

——赫希基烏斯

35

當雲朵消散時，
天空變得多麼明朗；
當我們幻影般的執著，
因正義的太陽耶穌基督而消散時，
即在我們的內心產生輝煌和明亮星星般的觀念，
因為耶穌照明我們的大氣層，
此乃撒羅滿[10]的智慧書所說的：
「倚恃上主的人，必明白真理；
忠信於上主之愛的人，
必與祂同住。」（《智慧書》三章9節）

——赫希基烏斯

10. 或譯所羅門。

36

厄則克耳[11]所看見的（革魯賓和活物的）神祕異象（《厄則克耳先知書》一章4節至二章1節），
是真的，確實的和十分重要的。
此乃神性和奧祕實體的象徵和預告，
也就是「從世世代代以來所隱藏的奧祕（《哥羅森人書》一章26節）」，
當基督出現時，
「在這最末的時期已經顯示出來（《伯多祿前書》一章20節）」；
因為厄則克耳先知以其心靈作證人類靈魂的奧祕，
亦即在內裡領受上主的人，
成為天主光榮的寶座。

——大馬加留

11. 或譯以西結。

37

堪當分享聖神，
接受祂的光輝及其美麗不可言喻之榮耀光照的靈魂，
會成為祂的寶座和祂的居所。
這樣的靈魂變成全然是光，是面容，是眼睛，
（如厄則克耳的神見，見《厄則克耳先知書》一章4節至二章1節）
這個靈魂完全覆蓋著光明的靈性眼睛，
在他的眼中，毫無陰影之處。

——大馬加留

38

當靈魂變得完全明亮輝煌，
覆蓋著基督之光不可言喻的美和光榮時，
他達到分享聖神的生命，
竟至到了圓滿極境，
他改變成為天主的內室和寶座。

——大馬加留

39

正直的靈魂
成為天堂的明光，
如同主親自對祂的宗徒說的：
「你們是世界的光。」（《瑪竇福音》五章14章）
而且正是祂，
首先在光中神化他們，
為能藉著他們，
祂能光照宇宙。

——大馬加留

40

如果你已經變成了天主的寶座，
如果天堂的小馬車已在你內出現，
你的靈魂已變成宛如單一的心靈眼目，
已變成全然發光，
如果你已經被不可言喻的光覆蓋，
得到靈性愉悅的餵養，
暢飲活水，
你全然的內在生活都已受過考驗，
在望德內得到證實，
那麼，千真萬確的，
你已開始度永恆的生活，
即使在今世，
你的靈魂已經在天主內找到他的安息。

——大馬加留

41

上主所揀選的靈魂，
祂替他們穿上祂王國中不可言喻之光明的外衣，
信、望、愛、喜樂和平安的外衣，
慈善和寬仁，
及所有相稱事物的外衣。
它們是神性的外衣，
悸動著光明和生命，
它們帶著帶給我們不可言傳的平安。
因為天主本身就是愛、喜樂和平安，
也是寬仁和良善，
而且確實是這樣，
祂在自己的恩寵內，
更新我們的生命存有。

——大馬加留

42

當一個人充滿期待的渴慕，
充滿信德和愛德，
天主視之為堪受「來自高天的德能」（《宗徒大事錄》一章8節，二章1－3節）
此乃天主聖神的天上聖愛，
也是不朽生命的天上神火。
當此事發生時，
靈魂真實地進入了所有愛的美麗中，
而且除去與邪惡的最後一絲連繫，
獲得釋放。

——大馬加留

43

讓我們致力於尋求上主對我們所說的至高美善，
也讓我們以最熱烈的嚮往來渴慕這事，
好使我們進入聖神不可言喻的愛內。
這是聖保祿勸我們努力追求的，
當時他曾說，要「追求愛」。（《格林多人前書》十四章1節）
這樣我們的心硬會因至高者的右手而轉變，
而堪當達到進入白天（或這一天）。
當我們的心靈因天主的愛而受傷時，
會找到它們的安息，
及它們至深的愉悅。
因為天主極愛人類，
無論何時，
只要人在它們最深的自我內完全轉向祂時，
祂就會深受感動。

——大馬加留

44

即使是世俗人也渴望和世上國王的榮耀攀上一點關係。
那些被真生命的聖神手指碰觸的人，更是如此。
神性之愛以渴求基督——這位真正的天上君王——
創傷他們的心。
祂的美和無可言喻的光榮，
祂忠實不變的慈善，
以及祂那超越理解的尊威，
這一切都使他們著迷出神，
充滿渴望和思慕。
他們的整個存有都專注於祂。

——大馬加留

45

我們應該如何相信？
我們應該怎樣奮鬥，
並給出全力以度良善的生活呢？
我們該懷有極大的望德和堅忍來修行，
好使我們能堪當領受天上賜予的德能，
因而在靈魂的至深知處蒙受聖神的榮耀。

——大馬加留

46

當天主創造亞當時，
祂並沒有給他一對肉身的翅膀，
如同飛鳥一般，
因為祂更樂於給他聖神的雙翅。
祂會將這對翅膀在復活時歸還給他，
高舉他，
帶領他到聖神要他去的地方。
這就是即使仍在塵世聖人已擁有的雙翼，
因此他們的心靈能夠高飛，
上達充滿天堂靈思的國度。

——大馬加留

47

（油燈的）火焰時而飛躍出來，
猛烈地燃燒。
時而溫文寧靜地燒著。
有時它的光耀動，放出璀璨的光輝。
有時它的小火焰指放射微弱的火光。
靈魂內恩寵的燈火也同樣。
它時常燃燒和放射光輝，
不過，當它燃燒起特殊的光芒時，
就好像靈魂暢飲著熱愛天主。
有時因天主聖意的決定，
這光仍然在那裡，
卻只是微弱的光輝。

——大馬加留

48

天主的愛人尋求完全獻身於上主，
惟獨依戀祂，
好能走祂誡命的道路上，
對基督之神的庇護親臨懷著敬畏，
直到他和上主合為一神，
如宗徒所說的。（《格林多人前書》六章17節）

——大馬加留

49

當靈魂臉上的面紗被揭去時，
他就能面對面地注視天上的新郎，
接受聖神不可言喻的光明照耀……。
到那一天，
靈魂堪當承受天堂的生命，
變成天主聖神光明輝耀的居所。

——大馬加留

50

當我們開始學習寫字時，
首先要熟練書寫的筆畫，
過不了多久，
就會擅長於書寫。
可是不久以後我們又進步，
直到再度超越此境，
然後又繼續上更高級的學府，
又要再發現自己處於末位，
直到我們再學有所成……。
這一連串的進步過程是相同的，
而在有關天上奧祕的事上更是如此：
容許有極高的進步等級和前進的許多階段。
由於專心致志和勤奮修行，
學習者可以達到成全的境界。
此乃基督徒的境界，
他們是真正品嘗天主的恩寵，

並在其理智和內心帶有十字架標記的人，
為此他們徹悟物質現實界的虛妄。

——大馬加留

51

上主是銀匠大師，
祂塑造我們的心，
有如浮雕的銀器，
偷偷地塑造一顆新的心，
從身上浮現它們，
那時，
靈魂的真正美麗就會顯露出來。

——大馬加留

52

那些已達到如此成全高境的基督徒，
被認為堪當邁入圓滿的成全，
為能成為君王的同伴，
就是那些持久不變、獻身於基督十字架的人。
正如在先知時代，
聖油被視為所有的事物中最寶貴的，
因為國王和先知都接受神恩的傅油，
現在屬靈的使徒亦然，
他們受到天恩的傅油，
藉恩寵而成為基督，
如此一來，
他們是天堂奧祕的君王和先知。
他們是天主的子女，
因此而成為王子和神[12]。

——大馬加留

12. gods。

53

一個人的內心已找到了、
且取得聖神的天上寶藏，
他就能藉此滿全誡命的義德，
並且毫無過失和瑕疵地修行一切德行。
得此恩賜之後，
萬事萬物都變得直截了當和容易。

——大馬加留

54

凡堪當「成為天主的子女」，及「由上而生」的人，
他們已在內心擁有基督，
基督輝煌地照耀他們，賜給他們平安……，
他們宛如御宴上的貴賓，
如此喜不自勝，
如此充滿歡樂和不可言喻的幸福。
又有時，他們如同新娘安歇在新郎的隱密內室，
分享神性的憩息。
又有時，他們好像沒有肉身的天使，
甚至連他們的身體都感到輕盈和飛躍。
而有時，好似他們自己已被烈酒灌醉了。
他們沉醉在聖神內，
因天主的神性奧祕而陶醉。

——大馬加留

55

有時靈魂在至深的靜中找到安息，
在完全專注的靈性愉悅和不可名言的深度憩息中，
找到喜樂和完美的平安。
而有時，靈魂由於恩寵而慌亂不安，
學習了不可言喻的屬靈智慧、明達和聰敏，
以全然超乎我們言詞限度的方式，
無法陳述它們……。
恩寵的樣式變化無窮，
帶領靈魂的方式極為不同。
有時，因天主的決意，
恩寵賦予靈魂安息，
而有時則催迫靈魂工作。

——大馬加留

56

完全進步而進入恩寵境界的使徒，
已達到了聖化，
因而躍入與聖神的完全結合。
那時，這使徒因著聖神，
會真實地流露出聖德和單純，
而且也預備好承受天主的國。

——大馬加留

57

對有的人來說，
聖神的神恩和恩賜之賦予，
是為了使之向前進步。
有的使徒則是藉著信德和祈禱進入其中，
甚至當他們仍從事日常生活的事務時，
表面上，沒有任何工作、痛苦或辛勞。
儘管如此，
天主之賜予祂的恩寵，
並非粗心大意，或不適當，或出於偶然，
而是按照祂那不可言喻和高深莫測的智慧，
對那些如此意外地進入恩寵之境的使徒，
祂能測試他們的自發和自由的意志。

——大馬加留

58

讓我們將自己的身體做為獻祭的祭台。
讓我們把所有的渴望放在祭台上，
懇求上主，
從天降下無形和大能的火，
焚燒祭台和祭台上的一切。

——大馬加留

59

讓我們相似狡猾的商人，
他絕不會夢想只投資一項事業，
反之，他會多方耗盡心力於擴增資產。
這確實是我們的靈魂應當發展的情況，
能夠變通和投資，
好使我們得到真實和豐多的利益。
如同天主一樣。
祂會親自教導我們，
如何在真理中祈禱。
因為上主在靈魂的善意內找到祂的安息，
並且會使之成為神性光榮的寶藏。

——大馬加留

60

詳察你的心，
看你的靈魂是否以上主做為引導的光明，
做為真實食糧和飲料。
如果不是，那麼要努力日夜渴求，
好能獲得。
當你注視太陽，
為的是記得你是盲目的。
所以，當你內視自己的靈魂時，
看看是否你能在那裡看到一個美好和真實的光……
那就是耶穌，
祂來，是為了給予光明，
重返內在的自我。

——大馬加留

61

身體的眼睛能完美明晰地看到一切事物，
同樣，若以聖人的眼光來看，
也能盡觀一切，
因為，對聖人而言，
天主所有的美是明顯可見的。

——大馬加留

62

多盞油燈能從同一個火種點燃，
各自放射出相同的光亮性質。
同樣，基督徒之被點燃，
乃源於同一性質，
且是同一神性的火，
亦即天主聖子。
所以，他們的心燈是點燃著的，
於此塵世，
在祂面前，
輝耀地燃燒。
為此經上說：
「為這個緣故，天主，你的天主，
以喜油傅你。」（《聖詠》十五篇8節）

——大馬加留

63

真正信仰基督的靈魂，
必須轉化和轉變，
從目前的罪惡境地轉化成另一境界，
亦即純善之境，
也要從目前的卑下本性，
轉變成另一天性，亦即神性。
這位聖徒必會因聖神的能力，
煥然一新，
因而即使在現世
就已準備好承受天國。

——大馬加留

64

凡事對天主都是可能的，
【十字架上的】右盜即是一個實例。
他在剎那間，
因其信德而歸依，
得以進入樂園。
正為此故，主來了，
為的是祂能改變，
且重新再造我們的靈魂，
正如聖經所說，
「使我們成為有分於天主性體的人。」（《伯多祿後書》一章4節）
祂會賜給我們的靈魂一個天上的靈魂，
亦即聖神，
祂會引導我們進入德行的圓滿之境，
好使我們甚至在現世可能的範圍內，
開始度永恆的生命。

——大馬加留

65

太陽在天空，
以其光的能量和輝煌照耀大地。
上主亦然，祂坐在天主聖父的右邊，
「超乎一切率領者和掌權者」（《厄弗所人書》一章21節），
然而祂的雙目垂顧，
注視塵世上祂使徒們的心，
好能鼓舞所有需要祂幫助的人，
提拔他們到祂那裡，為此，祂說：
「我在哪裡，我的僕人也要在哪裡。」（《若望福音》十二章26節）

——大馬加留

66

一個靈魂，已經藉著聖神的大能除掉黑暗的紗幕，
他的靈性眼目已蒙天光照明，
且已因聖寵而淨化，
全然從其無益的迷戀獲得自由，
最後必能在天上、在心靈甚至肉身，
完全無保留地事奉天主。
像這樣的靈魂，變得如此全神貫注，
他發現自己隨處皆安然，
無論在何方，
他發現自己最基本的渴望就是服事基督。

——大馬加留

67

即使在今世，
上主就已顯示給靈魂，
讓靈魂在知識、智慧、愛和信德……中發現祂。
祂在靈魂內安置了理解力、領悟力和意志力，
及靈性理智的監視指揮，
祂也在其內賦予深奧和各類的敏銳。
天主使靈魂隨意行動到各處，
使他既輕快又不知疲倦。
祂給予靈魂瞬間來去的恩寵，
以及理智的能力全面地服事祂，
到聖神所願的任何地方。
簡言之，祂造化靈魂就像這樣，
好使他能成為祂的新娘，
使他能與天主的神性共融，
沉沒在和天主的結合中，
因而與天主成為一神。

正如經上所說：
「那與主結合的，
便是與祂成為一神。」（《格林多人前書》六章17節）
——大馬加留

68

聖神占有靈魂，
向上主高唱一首新歌，
以身體為鈴鼓，
以理性作豎琴的弦，
亦即靈魂……
靈魂這樣地向生命的賦予者基督呈上讚頌。
就好像吹長笛時會發出音響，
聖神同樣在神聖且充滿天主的聖人身上奏出音樂，
他們從純潔的心中，
向天主詠唱讚美詩和聖詠。

——大馬加留

69

和人的靈魂共融是天主自己的渴望，
正為此故，祂親自和靈魂締結婚約，
視之為皇家的新娘，
也是為此，
祂淨化靈魂所有的不潔。

——大馬加留

70

當主說：「心地純潔的人是有福的，
因為他們要看見天主。」（《瑪竇福音》五章8節）
祂意指什麼呢？
再者，當祂說：「你們應當是成全的，
如同你們的天父是成全的依樣。」
這又是什麼意思呢？
在這些話中，祂豈不是許諾給我們一個最後的純潔境界，
免於所有的邪惡嗎？
這不就是最後的捨棄我們卑賤的執迷，
是我們的上達最高德行的成全之境嗎？
亦即我們的心藉著和天主的神性與完美靈性的共融，
達到至極的淨化和聖化。
難道不是這樣嗎？

——大馬加留

71

正如聖宗徒所說：
「一位童貞女能專心致志於主的事。」（《格林多人前書》七章34節）
這就好像靈魂致力於成聖，不只在身體上，甚至也在心靈上，
在每一個思想和行動的層次上，
無論是公開的，或私密的，
好使他能從罪的最後殘跡得到釋放。
因為到那時，懷著深切的期盼，
他宛如基督的新娘，
必會渴望與他天上的君王合而為一，
如此地與祂結合，
全然結合於祂光輝且無玷的美中，
使靈魂變成有如與他成為一體。

——大馬加留

72

凡真實相信許諾的人，必能從許多的徵兆中極清楚的看到，
全心地親近天主，
完全相信他的許諾，
以我的全力去滿全天主的誡命，
這是絕對必須的。
日復一日，當我們內在的心態逐漸更新時，
我們會越來越體會出來，
在我們最深的自我內，
心靈進步的主動恩寵。
這是何以我們終於能夠達到成聖的寧靜憩息，
也就是達到成全的愛，
在愛內我們崇敬聖神，
如同天主的真實兒女。

——大馬加留

73

基督稱祂在門徒面前的發光顯容為
「天主父的國」，
如祂親自說的，這個天主的國
要帶著威能降臨到曾經見過祂的人。
到那一天，聖人們要放射出光輝和光榮，
他們會因接受祂給予他們的光而閃爍輝煌。
因為正是這麵餅，
亦即祂的聖體——
在今生，我到祭台前所領受的——，
到那一天，會「乘著天上的雲彩降來」（《瑪竇福音》廿四章30節）
顯現在眾人面前。
剎那間，展現其燦爛的光輝，
從東方直到西方，
有如閃電。

——尼古拉・卡巴西拉（Nicholas Cabasilas）[13]

13. 請參見本書第 352 頁。

74

天主的聖人們已經生活在此光輝內，
臨終時，這光不會離開他們。
經常擁有這光的聖人，
他們進入新的生命，
在其中放射光芒。

——尼古拉．卡巴西拉

75

經由奧祕的聖事，
有如透過窗子，
正義的太陽進入一個黑暗的世界……。
祂永恆和不朽的生命導入這個衰敗和死亡的宇宙，
祂提拔宇宙達到超越之境，
因為「世界的生命（基督）」
已經戰勝了世界……。（《若望福音》十六章33節）
當陽光流瀉入屋內時，
人幾乎無法覺察出燈光，
因為太陽的光芒吞沒了燈光。
同樣如此，當來生的光，
於今世的當下，
進入我們的靈魂，
且居住於其內時，
這光以其貫徹的明亮，
淹沒了在肉身內的生命，

及世界所有美麗的引誘——
這就是我們在聖神內的生命。

——尼古拉・卡巴西拉

76

發生在我內可敬可畏的奧祕是什麼呢？
我找不到話語來說明；
我可憐的手無法捕捉它，
以之詳述這奧祕的讚頌和光榮，
那是屬於超乎一切頌揚之上者的，
祂超越每一個言詞……。
我的理智看到所發生的，
但它無法加以解釋。
它能看見，也希望說明，
但卻找不到一個足以說明的字眼。
因為它所看見的是無形可見的，
完全沒有形式，
單純，
完全沒有混合。
其令人敬畏的偉大，
無涯無界。

我之所見，
全然是一個概括，
非以本質，而是以分享的方式覺察的。
就像，如果你從一個火焰點燃另一火焰，
你得到的是完全的火焰。

——人稱「新神學家」的西默盎

77

我的基督，祢是天上的王國，
祢是許諾給溫良者的福地，
祢是樂園的青草地，
天堂聖宴的大廳，
不可言喻的新婚洞房，
開放給所有來者的餐桌。
祢是生命之糧，
美妙的新飲料，水的涼罐，生命之水。
祢是明燈，
對祢的聖人們從不熄滅，
祢是新衣，是王冠，
祢是分施王權者。
祢是我們的喜樂和憩息，我們的愉悅和光榮。
我的天主，祢是喜悅和歡笑。
祢的恩寵，至聖聖神的恩寵，
照耀在聖人們身上，

78

有如燦爛輝煌的太陽。

——人稱「新神學家」的西默盎

因著何等無疆的仁慈，
我的救主，
祢容許我成為祢奧體中的一個肢體？
我，是個不潔、汙穢和浪蕩的人。
祢為我穿上亮麗輝煌的衣裳，
放射出不朽的榮光，
使我全身化為光明，
這是何等的情景啊！
祢的聖身，無玷又神聖，

全然散發出祢神性之火的光芒，
藉此，全身奧體不可言喻地連結又組合起來。
我的天主，這是祢賜給我的禮物：
這個有死的、破爛的軀殼，
已和祢的無玷聖身結合為一，
我的血已經混合著祢的聖血。
我也知道，我已經與祢的神性合一，
已經成為祢的最純潔的聖體，
一個光輝明亮的肢體，
明亮透明，光芒四射且神聖。
我完全看見其中的美，
我能注視這光輝，
我已成了祢恩寵之光的反映。
——人稱「新神學家」的西默盎

79

獨居就是不理會世界，
持續不斷地獨自與天主交談。
他看著祂，也讓祂看。
他愛祂，也讓祂愛，
因而變成光的本身，
因為他是以一種超乎言詞的方式蒙受光照。

——人稱「新神學家」的西默盎

80

在那個夜裡，在我的黑夜中，
我看見令人敬畏的基督顯現，
祂為我開啟天堂。
祂屈身俯就我，
親自顯現給我，
祂和聖父及聖神同在三重聖光中——
單一的光內有三，
三重光合而為一，
因為它們在一起全是光，
三重光卻是一個光。
而祂照耀我的靈魂，
遠比太陽還要輝耀，
祂照亮我那一直處於黑暗中的心智。
我的心智過去從未有過那樣的事，
我是盲目的，
你們該知道這事，

而我什麼也看不見。
為此之故，這個不可思議的奇事，
令我萬分詫異，
當基督彷彿打開我心智的眼目，
當祂彷彿給我神視，
我看到的就是祂。
祂是主內的光，
祂顯現給凡默觀祂的人，
而默觀者看見祂在光中——
看見祂，亦即，
在聖神的光內看祂……
而現在，就好像從遙遠處
我仍看見那不可見的美、
那不可接近的光明、
那令人難以承受的光榮。
我的心智極其驚愕，
我害怕得戰慄發抖。
這豈不是處在深淵裡的一個小小體驗嗎？
這宛如用一滴水來讓所有的水知道其性質和一切……。

我發現了祂，
祂是我從遠處看見的，
祂是天國之門大開時，
斯德望[14]所看見的（《宗徒大事錄》[15]七章55－56節），
也是後來使保祿盲目的異象。
的確，祂有如在我心深處的火。
我在我外，落魄潦倒，失落了自己，
不能承受那令人受不了的明亮榮光。
所以，我轉而逃入感官的夜裡。

——人稱「新神學家」的西默盎

14. 或譯司提反。
15. 或譯《使徒行傳》。

81

愛之來臨，宛如輝耀彩雲的顯現。
我看見它緊緊抓住我，
縈迴我的腦海。
它卻令我大聲哭喊，
因為我是那麼害怕。
為此它消失無蹤，
留下我孤獨一人。
然後我熱切萬分地尋找它。
突然，我徹底地意識到，
它在我的內心，
像一個天上的神體，
我看它如同太陽的形體……
使我看不見有形之物，
卻得以見到無形之物，
它給了我看見非受造者[16]的恩寵。

——人稱「新神學家」的西默盎

16. 指天主。

82

聖言啊！
請賜我恩寵直觀祢的聖容，
及享有祢不可言喻的美。
面見祢這不可言喻、無形可見的、令人敬畏的顯現……時，
請容許我默觀和尋獲我的愉悅。
祢神性光榮的反映，
如同一道讓人得見的單純之光，
一道最甜蜜的光，

——人稱「新神學家」的西默盎

83

不要說，領受天主聖神是不可能的。
不要說，沒有聖神，人可能得救。
不要說，人能夠擁有聖神，卻又對之毫無知覺。
不要說，天主不能被人類看見。
不要說，人絕不能見到天主的光，或至少在這個世代沒可能。
我的朋友們，這絕不是不可能的，
凡渴望的人，這是非常可能的。

——人稱「新神學家」的西默盎

84

天主聽到了我的呼號，
從不可想像的高處屈身俯就，注視了我。
祂再次憐憫我，允許我在人可能的範圍內，
看見那眾人不可見者[17]。
看到祂時我大為驚異，
我是個封閉在我的小屋內的人，
侷限在這麼一個小小的容器內，
籠罩在黑暗中，天與地的黑暗中，
正確來說……我再度看見了祂。
不過現在，祂就在我那小小的屋子、
小小的容器的中心處。
極其快速地，祂來到那裡，
完完全全地，不可比擬地親自來和我結合，
不可言喻地和我合一，
毫不含糊地在我內充滿了祂，
彷彿火燒透鐵，

17. 指天主。

或像光射穿水晶。
就這樣，祂使我變化成火的本身，
祂如同真光一般，顯示自己給我。

——人稱「新神學家」的西默盎

85

是天主說：「要有光。」立刻就有了光。
如果祂在一顆心內，
如光一般地，
以靈性的方式照耀，
或如閃電般出現，
或像大能的太陽，
要是祂光照一位使徒的靈魂，
你們想，祂會做什麼呢？
難道祂不能光照靈魂，
使之對天主、對祂如何臨在於靈魂內，
具有清晰和完美的理解嗎？

——人稱「新神學家」的西默盎

86

我在世上好像一個瞎子、一個無神論者，
對我的天主無所知覺。
然而祢親自憐憫了我，俯視了我，
使我回頭歸向祢。
祢放射出祢的光，
在我的黑暗中明亮地照耀著，
召喚我回歸於祢，我的造主。

——人稱「新神學家」的西默盎

87

我的救主，惟獨祢不是受造的，
惟獨祢沒有起始……
神聖和至尊的聖三，萬有的天主就是：
祢顯示給我們祢至潔無玷榮光的明輝。
即使現在，我的救主，祢仍不斷地賜給我這光。
經由這光，使我不斷地默觀祢，至聖聖言，
並且開始看見祢那超越的美。

——人稱「新神學家」的西默盎

88

天主的靈性理智是沉靜的，
不為感動所動，
超越每一個理智和所有的不動情。
天主是光，是所有榮福之光的泉源。
天主是智慧，聰明和神祕知識。
天主是智慧，聰明和神祕知識的施予者。
凡領受這些恩賜的人，
乃由於他們的純真，
凡豐沛地顯露這些恩賜的人，
確實是天主的子女，
因為天主的聖像一直保存在他們最深的自我內。

——尼克塔．司提達托

89

如果你全心又全力尋求天主，
那時，你靈魂和身體的德能，
會使你轉變，成為你內在的天主肖像的一面鏡子。
你會身身地沉沒在天主內，
而天主也深深地沉沒於你，
雙方將永無終窮地在對方內憩息。
如此即是聖神的豐富恩賜，
像這樣的一位使徒必會是、而且顯示出，
榮福天主的聖像，
由於天主的認養而成為神，
因為天主是祂自身至美至善的完成者。

——尼克塔・司提達托

90

我們的靈性理智是天主的聖像，
當它居住在自己的真實本體內，
當它從未脫離自己的尊貴和身分時，
它就是安息在自己的家裡。
為此之故，它總喜愛沉浸於天主的事理[17]中，
時常尋求與天主結合，
天主是它的根源、它的能量，
天主吸引它時時朝向高處。

——尼克塔．司提達托

17. the things of God

91

由於先驗之光以神祕知識的光輝照射，
已蒙淨化和光照的靈魂，
不只充滿種種美善和光明，
而且因自然本質性的默觀而出神，
上達靈性理智的天堂。
然而，這個神能[18]的行動並不停止於此，
反而繼續不斷向前邁進，
最後使之與天主合一，
經由不可言喻之事物的智慧和神祕知識，
使之捨棄他們先前的繁複，
在他們內成為單一的。

——尼克塔．司提達托

18 divine energy

92

當你明白了，
你對天主的愛及對祂的內在信德，
像不斷加熱的烈火時，
你必會領悟到你使基督降生在你的靈魂內。
正是祂，舉揚你的靈魂，
高高地超越其塵世和有形的限度，
為他預備一個天堂的居所。
當你體驗你的心充滿喜樂，
因渴慕天主不可名狀的榮福而憔悴時，
要知道，
天主聖神正在你內工作。
當你感受到對超越的智慧，
充滿不可言喻的光明和靈性的理解時，
要認出來，
護慰者聖神，
正活躍在你的靈魂內，

揭示出隱藏在天國內的寶藏。

——尼克塔·司提達托

93

至高天使的能力中，
最首要的職分，
有的是以永恆的行動環繞在天主面前，
愛火灼燃，敏銳地凝視天主，
有的則是在神祕智慧中默觀天主，
因為這是那神性的境界，
使他們無止無休地迴轉在神的四周。
已經變得相似天使的靈魂同樣如此，
他們也燃燒著愛天主的熱火，
視力敏銳（具有看到異時異地事物的能力），
在智慧、靈性的知識和神祕領悟上大有進步。
因為天主按他們的限度賜給他們，
這些靈魂也是無休止地旋轉在天主面前……
一旦他們穩穩地奠立在所領受的光照上，
分享自有者天主的生命時，
他們慷慨地分享給人，

以言語教導他人自己所得的光照和恩寵。

——尼克塔・司提達托

94

一旦靈魂按天主之愛的深奧所吞沒，
又嘗到了天主理性恩寵的甜蜜愉悅，
那時他再也受不了把自己凍結在先前的狀態中，
反而會被迫向著天堂更上一層樓。
藉著聖神，他上升得愈高，
則沒入天主的深淵愈深，
也愈被渴慕的烈火所吞沒，
並且找到了天主無限無量的更深奧祕。
他賣力地設法進入那榮福之光內，
在那裡，所有的理智都會陷入神魂超拔，
在那裡，這顆心知道它終於能從一切的苦心追求中得到安息，
在喜樂中找到了他的安息。

——尼克塔．司提達托

95

一顆心，不斷地好好看守著，
不許它接受任何形式、形像或黑暗和邪惡之神的思想，
這樣的一顆心，會在其內產生光輝燦爛的思想。

——赫希基烏斯

96

凡已越過所有的等級，
以至達到「基督圓滿年齡程度」（《厄弗所人書》四章13節）的人，
他們是屬於成全神祕境界的人。
其特色是越過所有較低層次的空中神靈領域，
進入崇高天庭的品級，
靠近原初的光明，
探索聖神內天主的深奧。
這使我們投身於至善完美之境，
尋求對天主的照顧、公義和真理的原理，
對隱藏的奧蹟，對聖經中隱晦章節的闡明，
具有默觀性的心靈直觀。
其終極的目標是蒙受神祕的開悟，
並在天主隱藏的奧祕中獲得成全，
藉著與聖神的共融，
使之充滿不可言喻的智慧，
好使我們成為有智慧的神學家，

在上主偉大的教會中，
以神學的傳授啟迪他人。
凡藉著深奧的和悔罪的謙虛達到此境界的人，
變成如同保祿宗徒第二，
因為像這樣的一個人，
已被提拔到神學的三重天，
聽到不可名言的妙語，
這是仍迷戀於感官覺知的純凡人不得聆聽的。
像這樣的人，經驗到不可言喻的祝福，
是眼所未見、耳所未聞的，
因而成為天主的真正僕人、天主的口，
成為另外一種神學的同伴，
他們分享至高品級革魯賓和色辣芬天使的能力，
真實地呈現出智慧的本質和靈性的知識。

——尼克塔．司提達托

97

聖神是光、生命和平安。
如果你蒙受聖神的光照，
你的生命必會奠立在平安的寧靜中。
在你內會湧出水泉，
此乃聖言的智慧，
也是存在界的神祕知識，
因而使你懷有基督的心意。(《格林多人前書》二章16節)
那時你就會瞭悟天主之國的奧祕，
也會進入神的深處，
日復一日地，從一顆已經寧靜和充滿光明的心中，
向他人傳述生命之言。

——尼克塔·司提達托

98

聖言並沒有帶祂的所有使徒和僕人，
和祂單獨地在一起，
向他們召示更大、更隱藏的奧祕。
祂只帶那些已經準備好洗耳恭聽、張眼注視和口舌適於清楚傳述的人。
祂帶領這些使徒，把他們和其他的人分開，
即使那些人也是祂的使徒。
帶他們上到大博爾山上，
這是默觀的聖山，
到那裡，祂在他們面前榮顯聖容。（《馬爾谷福音》九章1－8節）

——尼克塔．司提達托

99

請高舉你心智的眼，
注視福音中顯聖容的光明（《馬爾谷福音》九章1－8節），
好使你自己也改變容貌，
彷彿你的靈性理智得以重新再造，煥然一新。
如果這事發生了，你會蒙受來自高處的神光，
也會和上主的光榮肖像相似，
祂的面容在山上發光如同太陽。

——國瑞．巴拉馬（Gregory Palamas）[19]

19. 請參見本書第331頁。

100

真光，請來！
永恆的生命，請來！
隱藏的奧祕，請來！
不可名狀的寶藏，請來！
不可言喻的那位，請來！
無窮無盡的歡悅，請來！
永不西沉的太陽，請來！
所有期待得救者的希望，請來！
所有的睡眠者的清醒，請來！
死者中的復活，請來！
大能者，祢以祢單純的旨意創造、再造及變化形像，請來！
超越所有的接觸和掌握的不可見者，請來！
永恆的靜止者，常主動地靠近我們，拯救地獄中的我們，請來！
處處受到傳誦的可愛名號，
其存有和本質是我們無法明言或認透的，請來！
永恆的喜悅，請來！

輝耀的王冠，請來！
我們偉大君王和天主的紫紅袍，請來！
鑲滿珠寶的亮麗水晶御帶，請來！
無與倫比的涼鞋，請來！
帝王的龍袍，請來！
至尊的右手，請來！
我可憐的靈魂一直渴望又渴望的上主，請來！
獨居者的天主，請來此獨居中，
如祢所看見的，我全然是孤單的……，請來！
因為祢已使我遠離萬有，使我在世孤獨一人，請來！
祢已成為我的渴望，且又使我渴望祢，
祢是不可接近者的天主，請來！
我的呼吸、我的生命，請來！
我可憐靈魂的慰藉，請來！
我的喜樂、我的光榮、我的無窮歡愉，請來！
因為祢親自紆尊在心神中與我合一，
所以我必須向祢獻上所有的頌謝。

——人稱「新神學家」的西默盎

附錄——金句作者簡介

人稱「波斯人」的阿弗拉／Aphrabat the Persian

金句選入第一篇8－11，第一篇45

阿弗拉大約是西元四世紀初的人，也是「敘利亞教父」群中的首位教父。他擔任教會的高職（可能是初期教會的主教），編寫一系列論祈禱及其他事項的訓誨，稱之為他的《祈禱論證》（*Demonstrations on Prayer*）。修道院制度尚未流行和組織以前，在早期的敘利亞基督徒中，他是一名苦行者。

《教父語錄》／*Apophthegmata Patrum*

金句選入第一篇4、46、61－62；第二篇23

埃及沙漠教父語錄，經教父們的門徒和其他仰慕者結集彙編，出版於四世紀末，以嘉惠普世的基督信眾。其格式是簡潔地介紹教父的生活與軼事，不過，一般的風格是將教父的智慧精華編成精簡的短句或格言。本書大部分是以人名的字母順序編排的，為獲知每位教父個人史實和性格的唯一資料。

狄厄多修／Diadochos of Photike

金句選入第二篇6－7、9；第三篇20－24

狄厄多修為第五世紀中葉的人，是希臘北部艾比魯斯．華地克（Epirus Photike）的主教。他盡全力發展修道院的運動，書寫與此相關的祈禱論著，尤其設法緩和他覺得過分的那些傾向。他是早期談論「耶穌禱文」的作家之一，視之為重複誦念聖名時，一種理智專注的方式。他廣泛地影響了許多隨從他的人。

加薩的多羅雪／Dorotheos of Gaza

金句選入第二篇5

多羅雪原籍敘利亞，他到埃及，在著名的苦行長老門下學習，他是巴沙諾裴（Barsanuphius）和若望（John the Proghet）的門生。約生於西元五四〇年，在加薩建立自己的修道院。他預見埃及基督徒隱修生活的輝煌歲月行將告終，設法收集口述的古老傳說，寫成散文。他的《訓誨錄》（*Instructions*）成為訓練東方隱修士的標準教材。他同時把埃及聖父的教導廣揚於希臘世界。他的教導強調，靈修發展中，居首要地位的是愛與謙虛。

伊瓦格魯斯／Evagrios of Pontus

金句選入第一篇22－44、81；第二篇21－22、24-49；第三篇27－31

伊瓦格魯斯（生卒年大約346－399）出生於小亞細亞北部，黑海南岸的古城蓬塔斯（Pontus）的伊伯拉鎮（Ibora）。他受教於同時代卡帕多細亞（Cappadocian）的主流神學家，從小得蒙納祥的國瑞教授修辭學。

由於一個醜聞，中斷了他在君士坦丁堡成為基督徒思想家和演講家的燦爛生涯。他逃往巴勒斯坦避難。在那裡，他接受了著名的苦修者梅納尼亞（Melania）和魯菲路斯（Rufinus）的勸告，改變其生活方式，度起苦修生活，成為一名埃及的隱修士，很快地成為最出名的隱修大師。

他的興趣廣泛，達及形上學、心理學和神祕學。他去世之後，他的道理受到質疑，於第六世紀，受到皇家宗教議會（a imperial synod）責難，然而，即使遭此死後的挫折，他的作品一直主導著後來的基督徒神祕傳統。

納祥的國瑞／Gregory of Nazianzus

金句選入第二篇14、99

國瑞在拜占庭的基督教會中以「神學家」之名著稱，是個非常富有的人，他是一位主教的兒子。

他積極參與第四世紀卡帕多細亞（土耳其）神學領導群。他是當代受最高等教育的基督徒領袖，寫下多方面的論述、書信、詩詞及道理。過世後，其著作複本繁多，直逼聖經，因而成為全希臘神學家中最具影響力的人。他是西元三八一年君士坦丁堡大公會議的主席，確立了天主聖三的基督徒信道，也是聖三神學的主要神學家。他的靈修教導極其強調，靈魂必須在光明中受淨化。

國瑞·巴拉馬／Gregory Palamas
金句選入第三篇99

國瑞（生卒年約1296–1359）是希臘貴族，一三一八年左右，成為阿陀斯山的隱修士，其隱修院靠近得撒洛尼（Thessalonica），係屬團居和獨居混合的修院（the monastic complex）。阿陀斯山的團體推舉他出來捍衛其神學立場，肯定度祈禱和神祕主義的獻身生活，直接體驗天主的臨在是可能的，以之對抗極受十三世紀經驗論影響的理性哲學派的對手。結果他竭盡心力完成的神學系統（亦即赫西卡斯主義或寂靜主義〔Hesychasm〕，係來自古代的希臘文〔hesychia寂靜，靜寂〕，或說是靈魂的寂靜），後來成為東正教最具影響力的傳統之一，其主張在光明的直觀中親近天主，並以臨在基督內降生神性的恩寵，來神化物質的實體。

赫希基烏斯／Hesychios
金句選入第一篇1；第二篇4；第三篇2–4、32–35、95

關於赫希基烏斯，我們所知甚少。只知他編寫《百句語錄集》（*Books of*

Centuries），敘述克苦修行的勸言，他可能擔任西乃山隱修院的院長，大約是在第六或七世紀。

里昂的宣仁／Irenaus of Lyons

金句選入第三篇 9

宣仁（生卒年約 130－200）是早期極重要的基督徒主教，他奮力作戰，駁斥基督徒不可知論的運動，他認為，改變天主在基督身上歷史性的基本顯示，而以一個非物質標記的情境取而代之，這是危害基督信仰的。在基督信仰方面，他強力主張，治理的品級系統及正統的聖經。許多他早期的神學言辭成為後來基督思想的正統標準。他對於天主的救贖世界，懷有廣闊的宇宙視野，呈現在他的靈修言談之中。

尼尼微的依撒格／Isaac of Nineveh

金句選入第三篇 8

依撒格是庫德斯坦（Kurdistan）的一名隱修士，大約是在六七六年左右的人。後來成為尼尼微的主教，不過他還是偏愛退隱的生活。他過著獨居生活，一直到他年老眼瞎，那時他重返隱修士的團體，接受他們的照顧。他寫下各方面的道理，告誡其修道院的弟子。這些道理於第九世紀譯成希臘文，深深影響了拜占庭的靈修思想。依撒格特別強調內心達到直觀天主的動作，視為靈修生活的核心價值與焦點。他逝世於七〇〇年左右。

阿巴梅亞的若望／John of Apamea

金句選入第一篇13、20

關於阿巴梅亞的若望，我們所知甚少，雖然他在第五世紀確實相當活躍。他也被稱為獨居者若望（John of Solitude），但是人們常把他和名叫利可玻里斯的若望（John of Lycopolis）的巴勒斯坦作家搞錯。若望的主要著作是《關於靈魂的對話》（*Dialogue on the Soul*），他也寫了一些書信和小品。他在當世享有靈修大師的盛譽。他的著作直率而清新，文字極有魅力。

若望．迦仙／John Cassian
金句選入第一篇16－18

若望大約生於三六〇年，逝世於四三〇年之後。他是羅馬尼亞人[1]，年輕時離鄉背井，加入白冷[2]的修道院，而後前去埃及，在那裡深受伊瓦格魯斯的思想影響。他在君士坦丁堡成為執事，奉金口若望總主教的派遣，前往西方履行一項外交任務。從此，他的餘生留在西方，於馬賽創立一座隱修院，遂成為拉丁世界[3]苦行生活的主要中心。他兩部最偉大的著作《規章》（*The Institutes*）和《會談錄》（*The Conferences*），是後來本篤會隱修士的標準參考書。他以一種適度的方式，把伊瓦格魯斯的道理帶進他的書中，使之惠及更多讀者。

達佑塔的若望／John of Dalyutha
金句選入第一篇19；第三篇7

這位若望也被稱為「長者若望」或若望．撒巴伊德（John Sabaites）。他生於伊

1. 塞西亞人（Scythian）
2. 或譯伯利恆。
3. 在第三世紀至五世紀之間，羅馬帝國的行政變化導致帝國分為通用希臘語的東部地區，和使用拉丁語的西部地區。

拉克，許多年度著山上獨居隱士的生活，以嚴格的生活方式著稱。他的道理流傳於一群獻身的弟子。雖然地方主教不中意他教導的道理，他之享有靈修大師的盛譽，未嘗因任何的爭論而稍減，他活躍於第八世紀。

大馬士革的若望／John of Damascus
金句選入第三篇15

若望（生卒年大約655－750年）是個高級政要，是伊斯蘭國王的大臣，協調大馬士革被征服的基督徒人民。為逃避陰謀詭計，他從政治生涯隱退，投奔巴勒斯坦靠近白冷的聖撒巴（St. Saba）修道院。他在那裡，成了著名的讚美歌作家及系統神學家。他捲入拜占庭的聖像爭議風波，並且著書立論，護衛恭敬（不是朝拜）基督和聖人聖像的價值，以之為祈禱的中介。他寫了許多神學方面的參考書，具有深遠的影響。

卡巴索的若望／John of Karpathos
金句選入第二篇12－13；第三篇25-26

對於這位若望，我們幾乎一無所知，只知他所寫的一篇短文，勸告「印度」的隱修士——可能是指衣索比亞高原的隱修士，他們曾要求得到遇有困境時的勸言。據推測，他出生於希臘史坡拉地（Sporades）群島的卡巴索（Karpathos）島上。甚至是在他書寫立論的時代，他也毫不為人所知。

若望・克里馬可／John Klimakos
金句選入第一篇7、47－60、82；第二篇78

這位若望是西乃山修道院的院長，以天梯若望・克里馬可著稱，係因他最有名的著作《天梯》[4]而獲此稱號。他大約是五七〇－六四九年代的人。他獨居修道多年，附屬於西乃山修道院。長年的獨居生活終結時，他返回修道院擔任院長。於院長任期內，他編寫《天梯》，作為訓誨隱修士的手冊。在西方的教會中，這本書仍是

4. *The Ladder of Divine Ascent*

修道生活最具影響力的論著，在今日是初學者必讀的基礎書籍。

大馬加留／Markarios the Great

金句選入第一篇14、83－85；第二篇8；第三篇36－72

大馬加留是一位隱名的敘利亞靈修生活大師。他的著作曾在其生前引起一些爭論，遭受某些作家的反對，例如狄多喬（Diadochos of Photike）。結果他的名字被遺忘，其作品則被人張冠李戴，誤以為是埃及的馬加留所寫，事實上，此人並沒有留下任何著作。早期的基督徒常有這樣的一個作風：傳閱遭官方譴責的資料，如果持續的重要性打動了他們。馬加留於第四世紀末及第五世紀，在卡帕多細亞和敘利亞的邊界地區相當活躍。他的教導中強調，靈修生活要有對天主的「感受經驗」，其作品在當時廣為盛行，中世紀時，在君士坦丁堡亦然，於該地形成對寂靜主義的影響。

人稱「苦行者」的馬爾谷／Mark the Ascetic

金句選入第一篇12、15

關於苦行者馬爾谷的生平，我們知之甚少。他也被稱為隱士馬爾谷（Mark of the Monk），或獨修士馬爾谷（Mark the Hermit）。他可能是第五世紀末、第六世紀初的人。他確實是一位獨居隱士，屬於埃及或巴勒斯坦的修道院團體。他的著作極其強調尋求天主時，依靠個人的功勞是毫無用處的，他提倡信賴天主的仁慈與寵惠，但卻要盡心竭力，對天主懷有大希望。

人稱「精修者」的馬克西牧／Maximus the Confessor

金句選入第一篇71－80；第二篇53－77、79－81

馬克西牧（生卒年約580－662）之被稱為精修者，傳說係因他在神學上的異議著作，受到拜占庭皇帝的折磨。他是拜占庭時代最重要的神祕家和哲學家之一。未做隱修士之前，他是君士坦丁堡宮廷的貴族，他到處旅遊，足跡遍及希臘和拉丁世界。他的著作相當豐富，他極其強調以神祕的洞察觀看充滿天主臨在的宇宙，並聚焦於基督的恩寵。他認為這個救贖和轉化的恩寵是不斷的工作，使不平衡的世界回復平衡。

愛德沙的納撒依／Narsai of Edessa

金句選入第三篇5－6

納撒依也叫做納色斯（Narses）。大約生於三九九年，卒於第六世紀初。他是第五世紀東敘利亞最重要的導師之一，可能是愛德沙（今天美索不達米亞北部）教會學校（或大學）的校長。

尼古拉·卡巴西拉／Nicholas Cabasilas

金句選入第三篇73－75

尼古拉·卡巴西拉（生於1322年）是得撒洛尼總主教尼路斯（Nilus）的侄甥，也是赫西卡斯派（Hesychast）靈修學校的活躍分子之一。他寫了一部解釋教會禮典儀式的書，頗具影響力，特別強調其象徵的意涵。他也書寫論及靈修生活的文章，於其中極力主張在光明中變化形相的希望。傳說他在晚年成了隱修士。

尼克塔．司提達托／Niketas Stethatos

金句選入第二篇1－2；第三篇1、88－94、96－98

尼克塔大約生於十一世紀，他是君士坦丁堡著名的Studite修道院的隱修士。他熟識人稱「新神學家」的西默盎（即當代最擅長於吟誦詩詞的神祕家），並於西默盎過世後，編寫他的傳記，稍盡心意地傳揚西默盎的教導：直觀神性之光及天主那變化形相的仁慈。後來他擔任Studite修道院院長，也涉入與教宗之間的爭論，且目擊一〇五四年拉丁和希臘教會的大分裂。其靈修道理的特質具有一貫性的洞察和樂觀。

亞歷山大的奧利振／Origen of Alexandria

金句選入第二篇3

奧利振（生卒年約185－254年）是初期教會最重要的神哲學家，也可能是繼宗徒之後，他的心思是最富創見的。他奠定了基督信仰的基礎結構，迄今幾乎無法變動其主要的原則，例如理解聖經應合乎教會的觀點[5]，也必須對聖經加以「詮釋」。他自己的著作充滿在靈魂內上升的神祕渴望，切願回復與宇宙的神性原則（即「道」，Logos）結合。他認為世界的悲劇係來自人類從這個原始的命運墮落。

埃及的費肋孟長老／Abba Philemon of Egypt
金句選入第一篇5－6、21

費肋孟是位司鐸，大約於羅馬時代，在埃及度苦行生活，由此可見，大約是在第六世紀末或七世紀時。我們對他一無所知。他寫了一部極有影響力的《論述》（*Discourse*），談及心靈的專注。他也是耶穌禱文的提倡者之一，這個禱文教導人不斷複誦「主耶穌基督，可憐我」，成為東方教會的一個標準祈禱方式，也是默想的焦點。

5. canonical

人稱「敘利亞人」的撒多納／Sahdona the Syrian

金句選入第二篇15－20

人稱「敘利亞人」的撒多納，也被稱為殉道的長老（Abba Martyrius）。他是第七世紀的靈修作家，生於波斯，及長成為一名隱修士，最後擔任高地亞[6]教會內馬奧塞[7]主教。由於他的神學主張及在愛德沙退隱度苦行生活，他捲入了一些論戰，在愛德沙寫下他的主要作品《至善之書》[8]，此書被奉為文學界的上乘名作，也是敘利亞教會最重要的靈修作品。

《埃及教父語錄》／*Saying of the Egyptian Fathers*

金句選入第一篇65－70

《埃及教父語錄》是一部修道院智慧的語錄，編自不同的埃及靈修導師。有些語錄係按作者姓名的字母順序排列，有些則是比較隨意的編集。這部語錄流露出，沙漠修道院活潑的靈修口授傳統，大部分的指導在於訓練才開始度苦行生活的隱修

6. Chaldean
7. Mahoze
8. *The Book of Perfection*

士。

《長老語錄》／*Saying of the Elders*

金句選入第一篇2–3、63–64

《長老語錄》是《教父語錄》[9]的拉丁文集。此書流傳甚廣，極其影響後來的拉丁修道院思想，整個中世紀，此書被奉為標準範本。

人稱「新神學家」的西默盎／Symeon the New Theologian

金句選入第一篇86–87；第二篇10–11、82–83；第三篇76–87、100

西默盎（生卒年949–1022）是世界文學中最偉大的神祕詩人之一。他是個貴族，在君士坦丁堡成為隱修士，且是該地一小修道院的院長，為此他寫下廣泛的教義道理集[10]，述說克修苦行生活的要素。他遭受朝廷的敵視，於一〇〇五年被罷免院長職，一〇〇九年被流放。他的弟子陪伴他，並在他的領導下，創立新的修道

---

9. *Apophthegata*
10. *Catecheses*

院。流放期間，他寫了些詩篇[11]，是全希臘神祕詩詞中最熱情的。他的道理極其強調要有真實且個人的經驗天主，尋求天主時，必須有深情的熱愛。他談論在燦爛光明的情境中，自己對天主的直觀。西默盎後來的弟子尼克塔·司提達托編寫西默盎的傳記，並在他過世三十年後，將他的遺骸帶回君士坦丁堡。

人稱「利比亞人」的達拉西歐／Thalassios the Libyan

金句選入第二篇84－98、100；第三篇10－14

達拉西歐（六世紀末，七世紀初期）與精修者馬克西牧同一時代，且是他的朋友，馬克西牧將他的大著作之一題獻給達拉西歐，並且自稱是他的門徒。達拉西歐是一位司鐸，也是利比亞一座修道院的院長。他的主要著作是以百句[12]勸言的格式談論靈修生活。他對伊瓦格魯斯表示信賴，不過，他的教導，如同馬克西牧，極其強調，在靈性的追尋這事上，身體與靈魂之間，必須有更平衡的和諧。

---

11. *Hymns of Divine Love*
12. centuries

人稱「苦行者」的狄奧多羅／Theodoros the Ascetic

金句選入第一篇88－100；第二篇50－52

關於狄奧多羅的生平，我們所知甚少，只知他是巴勒斯坦靠近白冷聖撒巴修道院的一名隱修士，最後成為敘利亞愛德沙教會的主教。他可能是第七世紀中葉的人（雖然有人主張他是第九世紀的作家）。他的《百句》[13]多半取自伊瓦格魯斯和馬克西牧的著作。

人稱「司鐸」的狄奧諾斯托／Theognostos the Priest

金句選入第三篇16－19

靈修作家狄奧諾斯托極不為人所知，不過他對司祭職與聖事的重視，顯示出他確實是一位司鐸。他引述的是第八世紀的作家，可見他必是之後的人。他的著作生動而欣喜，對於更高超的神祕意識界，他懷有強烈的興趣。

---

13. *Centuries*

國家圖書館出版品預行編目（CIP）資料

神祕金句：修行、默觀、神祕靈知的智慧語錄／約安・安東尼・麥谷勤（John Anthony McGuckin）；加爾默羅聖衣會譯. -- 初版. -- 臺北市：星火文化有限公司, 2023.11
面；17 × 23 公分. --（Search；19）
譯自：The Book of Mystical Chapters: Meditations on the Soul's Ascent from the Desert Fathers and Other Early Christian Contemplatives
ISBN 978-626-96843-9-7（平裝）

1. CST：基督徒　2. CST：靈修　3. CST：語錄

244.93　　112016296

Search 019

神祕金句：修行、默觀、神祕靈知的智慧語錄

作　　　者／約安．安東尼．麥谷勤（John Anthony McGuckin）
譯　　　者／加爾默羅聖衣會
總　編　輯／徐仲秋

出　版　者／星火文化
臺北市 100 衡陽路路 7 號 8 樓
營 運 統 籌／大是文化有限公司
業 務 企 畫／業務經理：林裕安　業務專員：馬絮盈
行銷企畫：徐千晴　美術編輯：林彥君
讀者服務專線：（02）23757911　分機 122
24 小時讀者服務傳真：（02）23756999

法 律 顧 問／永然聯合法律事務所
香 港 發 行／豐達出版發行有限公司
Rich Publishing & Distribution Ltd
香港柴灣永泰道 70 號柴灣工業城第 2 期 1805 室
Unit 1805, Ph. 2, Chai Wan Ind City, 70 Wing Tai Rd, Chai Wan, Hong Kong
電話：21726513　傳真：21724355
E-mail：cary@subseasy.com.hk

封 面 設 計／Neko
內 頁 排 版／黃淑華
印刷／韋懋實業有限公司

■ 2023 年 11 月　初版
ISBN／978-626-96843-9-7

Printed in Taiwan
定價360元
（缺頁或裝訂錯誤的書，請寄回更換）

The Book of Mystical Chapters:Meditations on the Soul's Ascent, from the Desert Fathers and Other Early Christian Contemplatives
by John Anthony McGuckin

Published by arrangement with Shambhala Publications Inc.,
2129 13th St, Boulder CO 80302, USA
www.shambhala.com through Bardon-Chinese Media Agency